总策划：彭国华

主　编：杨　轲

编写组成员：马冰莹　韩冰曦　张　贝　桂　琰　包　钰

　　　　　　肖晗题　李思琪　杨　柳　李玮琦

视频书
vBook

人民论坛书系
PEOPLE'S TRIBUNE BOOK SERIES

以新安全格局
保障新发展格局

YI XIN'ANQUAN GEJU BAOZHANG XINFAZHAN GEJU

人民日报社人民论坛杂志社 主编

人

民

出
版

社

序

国之大者，安全为要。国家安全，是安邦定国的重要基石；维护国家安全，是全国各族人民根本利益所在，也是每个公民的责任。当前，世界百年未有之大变局加速演进，世界之变、时代之变、历史之变正以前所未有的方式展开，我国国家安全内涵和外延比历史上任何时候都要丰富，时空领域比历史上任何时候都要宽广，内外因素比历史上任何时候都要复杂。大国博弈的焦点从太空、深海、极地等战略新疆域的角逐延伸到网络、数据、人工智能等领域的竞争，国家安全越来越呈现出总体性、关联性、隐蔽性等特征，需要我们树立新的安全观，以更为完备的安全体系、更为强大的安全能力，有效应对来自国内外错综复杂的风险挑战。

党的十八大以来，以习近平同志为核心的党中央不断开创新时代国家安全工作新局面，从提出总体国家安全观到强调统筹发展和安全，从建立国家安全领导体制到加快构建新安全格局，国家安全得到全面加强，中国特色国家安全道路越走越宽广。

民惟邦本，本固邦宁。人民安全是国家安全的基石，国泰民安是人民群众最基本、最普遍的愿望。总体国家安全观，始终把维护人民安全作为出发点和落脚点，彰显了以人民安全为目标、为基石的价值旨归。中国特色社会主义进入新时代，安全在人民对美好生活追求中的地位日益凸显，内涵外延不断拓展，从生命财产安全上升到安业、安居、安康、安心等各方面，标准要求更新更高。

安全与发展互为支撑。统筹发展和安全，既是重大理论问题，也是重要实践要求。党的二十大报告提出以新安全格局保障新发展格局，这是顺应世界之变、时代之变、历史之变的必然要求，对实现高质量发展和高水平安全良性互动具有重要意义。新时代新征程上，以新安全格局保障新发展格局，必须统筹维护国家安全各类要素、各个领域、各方资源、各种手段，把维护国家安全贯穿党和国家工作各方面全过程，更好满足人民群众的安全需要。必须坚定不移贯彻总体国家安全观，坚持以人民安全为宗旨、以政治安全为根本、以经济安全为基础、以军事科技文化社会安全为保障、以促进国际安全为依托，统筹外部安全和内部安全、国土安全和国民安全、传统安全和非传统安全、自身安全和共同安全，统筹维护和塑造国家安全，夯实国家安全和社会稳定基层基础，完善参与全球安全治理机制，建设更高水平的平安中国。

"备豫不虞，为国常道"。我们党诞生于国家内忧外患、民族危难之时，对国家安全的重要性有着比其他政党更为深刻的认识。立足新的历史方位，加快推进国家安全体系和能力现代化，是防范化解风险挑战、为全面建设社会主义现代化国家提供有力保障的必然要求，是推进国家治理体系和治理能力现代化、谱写"中国之治"新篇章的必然要求，是建设更高水平的平安中国、满足人民群众日益增长的安全需要的必然要求。新征程上，坚持走中国特色国家安全道路，要以系统思维分析形势、研判风险、明晰战略，为建设一个持久和平、普遍安全的世界贡献中国智慧和中国方案。

人民论坛杂志社邀请了十余位权威专家学者，从理论与实践相结合的角度系统阐释新时代国家安全的深刻意涵与实践进路，分析了"以新安全格局保障新发展格局"蕴含的重要战略思想，深入剖析推进国家安全体系和能力现代化面临的重点任务、重点工作，以期为不断开创新时代国家安全工作新局面，谱写"中国之治"新篇章提供重要学理支撑。敬请读者垂注！

——人民论坛编纂组

目　录

第一讲 构建新安全格局：逻辑起点、理论指引与实践进路

钟开斌[*]

党的二十大就建设更高水平的平安中国、坚决维护国家安全和社会稳定作出战略部署，强调把维护国家安全贯穿党和国家工作的各方面、全过程，以新安全格局保障新发展格局。这是继 2021 年 11 月 18 日中共中央政治局会议提出"加快构建新安全格局"的要求后，以习近平同志为核心的党中央进一步就构建新安全格局作出的重大战略部署。新发展阶段、新发展理念、新发展格局"三位一体"有机贯通，在安全领域，亦存在安全新阶段、新理念和新安全格局有机联系、相互作用。三者共同构成新时代我国国家安全和社会稳定工作的历史方位、指导原则和路径选择，成为新时代新征程上相关研究的逻辑起点、理论指引和实践进路。在全面建设社会主义现代化国家新征程上实现高水平安全、以新安全格局保障新发展格局，必须明确以战

---

* 钟开斌，中共中央党校（国家行政学院）应急管理教研部副主任、教授、博导。

略机遇和风险挑战并存为基本特征的安全新阶段，贯彻以总体国家安全观为基本统领的安全新理念，构建以国家安全体系和能力现代化建设为基本路径的新安全格局。

构建新安全格局的逻辑起点：进入战略机遇与风险挑战并存的安全新阶段

对历史方位的准确判断是做好一切工作的基础。习近平总书记强调："正确认识党和人民事业所处的历史方位和发展阶段，是我们党明确阶段性中心任务、制定路线方针政策的根本依据，也是我们党领导革命、建设、改革不断取得胜利的重要经验。"①在哲学视阈中，历史方位可以从"从哪里来""现在何处""走向何方"三个方面加以阐释，分别回答"来源或依据"问题、"本质与内涵"问题、"去向"问题。②党的十八大以来，国际国内环境发生了深刻复杂变化，我国处在战略机遇与风险挑战并存、各种风险因素明显增多的安全新阶段，发展面临的各方面风险不断积累和集中显露，风险综合体的特征更加明显。进入安全新阶段明确了我国国家安全和社会稳定工作的历史方位，构成我们研究新时代新征程上我国国家安全和社会稳定相关问题、构建与新发展格局相适应的新安全格局的逻辑起点。

---

① 《习近平谈治国理政》第四卷，外文出版社 2022 年版，第 161 页。
② 参见韩庆祥、刘雷德：《论新时代"历史方位"的鲜明标志》，《马克思主义研究》2019 年第 11 期。

　　内外互动：百年变局与改革攻坚交织。习近平总书记指出："当今世界正经历百年未有之大变局，我国正处于实现中华民族伟大复兴关键时期，我们党正带领人民进行具有许多新的历史特点的伟大斗争，形势环境变化之快、改革发展稳定任务之重、矛盾风险挑战之多、对我们党治国理政考验之大前所未有。"①党的十八大以来，国内外形势发生了深刻复杂的变化，世界处于百年未有之大变局；我国进入改革攻坚期、深水区和实现中华民族伟大复兴的关键时期，改革发展稳定各项任务艰巨繁重。百年变局与改革攻坚相互交织，战略机遇与风险挑战并存，对国家安全和社会稳定工作提出了新的更高要求。作为致力于建设中国式现代化的世界上最大的发展中国家，我们更为迫切、更有必要，也更有条件、更有实力把塑造、维护国家安全和社会稳定摆在新时代党和国家工作全局更加突出的位置。

　　从外部来看，当今世界正在经历百年未有之大变局。"世界百年未有之大变局"是习近平总书记深刻洞察时代大势和历史发展规律、从世界力量对比的横坐标和中华民族前进的纵坐标作出的一个重大战略判断。当今世界正处于大发展、大变革、大调整时期，经历着近代以来特别是20世纪以来最具革命性的变化，国际力量对比发生着深刻调整，世界发展进入波动期。习近平总书记指出："当前国际格局和国际体系正在发生深刻调整，全球治理体系正在发生深刻变革，国际力量对比正在发生近代以来最具革命性的变化。国内外很多人都认为，这是世界自威斯特伐利亚和约以来的大变局。"②世纪疫情、乌克

---

① 《习近平谈治国理政》第三卷，外文出版社2020年版，第537页。
② 习近平：《论坚持全面深化改革》，中央文献出版社2018年版，第195页。

兰危机等引发世界百年未有之大变局加速演进，全球性、区域性风险挑战明显增多，全球风险社会的特征更加明显。

从内部来看，我国进入改革攻坚期、深水区和实现中华民族伟大复兴的关键时期，改革发展稳定、内政外交国防、治党治国治军各方面的任务之繁重前所未有。改革开放是中国共产党在新的时代条件下组织开展的伟大变革，是"中国的第二次革命"①。维护国家安全和社会稳定，以高水平安全保障高质量发展，是我们顺利推进强国建设、民族复兴的前提要件和根本基础。中国特色社会主义进入新时代新征程，中华民族伟大复兴进入关键时期，对安全稳定提出了新的更高要求。全面深化改革不断推进、经济转型和社会转轨持续进行，必然触及更多深层次的矛盾和问题，涉及更多利益关系的深度调整，带来各种新老矛盾问题的交织叠加。

双期叠加：战略机遇和风险挑战并存。党的二十大报告强调："我国发展进入战略机遇和风险挑战并存、不确定难预料因素增多的时期，各种'黑天鹅'、'灰犀牛'事件随时可能发生。我们必须增强忧患意识，坚持底线思维，做到居安思危、未雨绸缪，准备经受风高浪急甚至惊涛骇浪的重大考验。"②迈上新征程，我国发展仍处于可以大有作为的重要战略机遇期，和平与发展仍然是时代主题，我国经济社会发展具备诸多战略性有利条件，完全有能力创造快速发展和持续繁

---

① 参见《邓小平文选》第三卷，人民出版社 1993 年版，第 113 页。

② 习近平：《高举中国特色社会主义伟大旗帜　为全面建设社会主义现代化国家而团结奋斗——在中国共产党第二十次全国代表大会上的报告》，人民出版社 2022 年版，第 26 页。

荣的新的奇迹。同时，我国发展面临着前所未有的复杂环境，现实存量风险尚未完全消化，潜在增量风险比较突出，意外变量风险时有发生，各种超预期的极端罕见情形难以完全避免，有可能对我国经济社会发展和中华民族伟大复兴战略全局构成干扰甚至是比较严重的冲击。

我国面临的风险挑战形式是多种多样的，既有内源性的，又有外生性的。从内部来看，在新中国成立以来特别是改革开放以来压缩式现代化过程中，伴随我国社会转型与体制转轨持续加速，经济社会发展的深层次矛盾更加突出，我国逐渐进入一个各类矛盾问题和风险挑战不断累积、集中爆发的时期，来自内部的风险因素明显增多，各种存量风险和增量风险耦合叠加、相互影响。从外部来看，伴随世界进入不稳定性、不确定性、复杂性、模糊性明显增多的"乌卡（VUCA）时代"，国际局势急剧变化，特别是百年变局、乌克兰危机与世纪疫情的影响交织叠加带来极大的不确定性，我国已经进入战略承压期，将面临更多逆风逆水的外部环境，影响我国发展的各种外部风险因素显著增多。同时，在中国日益走近世界舞台中央的过程中，外部势力对我国的讹诈、遏制、封锁、极限打压持续增大，我国需要面对的外源性风险挑战明显增多。

连锁联动：风险综合体特征更加明显。习近平总书记指出："各种风险往往不是孤立出现的，很可能是相互交织并形成一个风险综合体。"[①]伴随自然生态环境和人类经济社会不断发展，各个国家乃至全

[①]　《习近平谈治国理政》第二卷，外文出版社 2017 年版，第 82 页。

球都在变成一个更加开放的复杂巨系统。在这个开放复杂巨系统中，不同风险之间往往具有相互传导、相互演化、相互转化的特征，连锁联动、交织叠加，形成系统性、全局性风险，带来错综复杂的后果。对此，国内外理论界近年来提出了"巨灾／超级巨灾"（catastrophe/mega catastrophe）、"系统性风险"（systematic risk）、"全球／世界风险"（global/world risks）、"跨界危机"（transboundary crisis）、"级联灾害"（cascading disasters）等概念并开展深入研究。①

风险综合体的相互交织、连锁联动效应，同时体现在风险的类型特点、时空演化、引致后果等不同维度。在风险类型上，表现为风险的多重性，即各类矛盾问题和风险挑战之间相互传导、叠加、耦合，原生风险和次生衍生风险共同构成一个复杂的风险链，致使单一性风险演变为复合性风险，区域性风险升级为全域性风险，局部性风险发展成全局性风险，经济、社会、文化、生态等领域的非政治性风险转化为政治性风险。在时间上，表现为风险跨越不同时段进行传导和演变，在更长的时间范围内持续产生影响。在空间上，表现为"去在地化"（de-localization）特征，即风险跨越不同地区进行扩散、外溢，致使地方性的矛盾风险挑战演变为国家性甚至全球性的矛盾风险挑战、国际上的矛盾风险挑战演变为国内的矛盾风险挑战。在后果上，表现为非线性，即风险越来越多地造成人员伤亡、经济损失、生态环境破坏、社会失序等多重影响，甚至对国家安全和全球秩序造成严重冲击；同时，这些影响和损失分布在物理空间、虚拟空间、心理

---

① 参见张海波:《中国第四代应急管理体系:逻辑与框架》,《中国行政管理》2022 年第 4 期。

空间并可能在不同空间之间耦合、叠加、演化，相互影响、相互渗透、相互强化、相互转化，进而产生复杂的"多米诺骨牌效应""蝴蝶效应"。①

构建新安全格局的理论指引：贯彻总体国家安全观的新理念

理念是行动的先导，一定的安全实践是由一定的安全理念引领的。新时代我国国家安全和社会稳定事业发展的过程，是一个以理念现代化为引领，理念、体系和能力相互配合、互促互进，进而实现理念、体系和能力"三重现代化"的过程。②党的十八大以来，面对错综复杂的国际国内形势，以习近平同志为核心的党中央提出并确立了以总体国家安全观为思想统领，以统筹发展和安全为政策取向，以坚持人民至上、生命至上为行动准则，全方位、多层次、立体化的安全新理念。③贯彻以总体国家安全观为统领的安全新理念是做好我国新时代国家安全和社会稳定工作的指导原则，构成我们研究新时代新征程上我国国家安全和社会稳定相关问题、构建与新发展格局相适应的新安全格局的理论指引。

① 参见刘奕、刘艺、张辉：《非常规突发事件应急管理关键科学问题与跨学科集成方法研究》，《中国应急管理》2014 年第 1 期。
② 参见钟开斌、薛澜：《以理念现代化引领体系和能力现代化：对党的十八大以来中国应急管理事业发展的一个理论阐释》，《管理世界》2022 年第 8 期。
③ 参见钟开斌：《新安全理念的逻辑架构阐释》，《社会科学辑刊》2023 年第 4 期。

坚持总体国家安全观。国家安全观是有关国家安全问题的根本态度和基本观点，是在国家安全实践活动基础上系统化、理论化的安全观念。国家安全观的主要内容包括如何研判国家安全威胁来源、演化规律与特征分布，如何确定国家安全的总体目标和具体任务，如何选择维护和塑造国家安全的手段等。①2014 年 4 月 15 日，习近平总书记在中央国家安全委员会第一次会议上发表重要讲话，首次创造性提出总体国家安全观，强调"当前我国国家安全内涵和外延比历史上任何时候都要丰富，时空领域比历史上任何时候都要宽广，内外因素比历史上任何时候都要复杂"②，提出构建集多领域安全于一体的国家安全体系，走中国特色国家安全道路。总体国家安全观涵盖领域复杂多样，包括政治、军事、国土、经济、金融、文化、社会、科技、网络、粮食、生态、资源、核、海外利益、太空、深海、极地、生物、人工智能、数据等。

作为指导新时代我国国家安全工作的重大战略思想，总体国家安全观格外关注各种非传统的国家安全问题，强调要用非传统思维兼顾、统合传统和非传统两方面的国家安全问题，"是一种高级形态的非传统国家安全观"③。总体国家安全观以"五大要素""五对关系""五个统筹"为核心要义，以"十个坚持"为内涵要求。2014 年 4 月 15 日，中央国家安全委员会第一次会议用"以……为……"的表述方式，提出了总体国家安全观的"五大要素"——以人民安全为宗旨，

① 参见从鹏主编：《大国安全观比较》，时事出版社 2004 年版，第 37 页。
② 《习近平著作选读》第一卷，人民出版社 2023 年版，第 235 页。
③ 刘跃进：《非传统的总体国家安全观》，《国际安全研究》2014 年第 6 期。

以政治安全为根本，以经济安全为基础，以军事、文化、社会安全为保障①，以促进国际安全为依托；会议还以"既重视……又重视……"的表述形式，提出了总体国家安全观的"五对关系"——既重视发展问题又重视安全问题，既重视外部安全又重视内部安全，既重视国土安全又重视国民安全，既重视传统安全又重视非传统安全，既重视自身安全又重视共同安全。党的十九届六中全会通过的《中共中央关于党的百年奋斗重大成就和历史经验的决议》，提出了"五个统筹"的新表述，在继续强调"统筹发展和安全""统筹传统安全和非传统安全""统筹自身安全和共同安全"的基础上，新增"统筹开放和安全"以及"统筹维护国家安全和塑造国家安全"。2020 年 12 月 11 日，在主持十九届中央政治局第 26 次集体学习时，习近平总书记提出了贯彻总体国家安全观"十个坚持"的内涵要求——坚持党对国家安全工作的绝对领导，坚持中国特色国家安全道路，坚持以人民安全为宗旨，坚持统筹发展和安全，坚持把政治安全放在首要位置，坚持统筹推进各领域安全，坚持把防范化解国家安全风险摆在突出位置，坚持推进国际共同安全，坚持推进国家安全体系和能力现代化，坚持加强国家安全干部队伍建设。

作为新时代做好国家安全工作的思想统领，总体国家安全观从坚持和发展中国特色社会主义、为强国建设和民族复兴提供坚强安全保障的战略全局高度，系统回答了新时代"如何既解决好大国发展进程

---

① 中央国家安全委员会第一次会议强调"以军事、文化、社会安全为保障"；党的十九届四中全会强调"以军事、科技、文化、社会安全为保障"，新增"科技安全"；党的二十大报告沿用该表述，强调"以军事科技文化社会安全为保障"。

中面临的共性安全问题，同时又处理好中华民族伟大复兴关键阶段面临的特殊安全问题这个重大时代课题"①。总体国家安全观涵盖改革发展稳定、内政外交国防、治党治国治军等治国理政的方方面面，并且随着实践的发展在不断丰富和拓展。党的十九大将"坚持总体国家安全观"列为新时代坚持和发展中国特色社会主义的基本方略之一，并写入修改后的《中国共产党章程》；党的二十大强调："必须坚定不移贯彻总体国家安全观，把维护国家安全贯穿党和国家工作各方面全过程，确保国家安全和社会稳定。"②

坚持统筹发展和安全。推动发展和维护安全是国家治理需要实现的"一对具有张力的价值目标"③，两者作为治理难题的本质在于"如何可能被一套体制逻辑所统筹容纳"④。党的十八大以来，习近平总书记提出了统筹发展和安全的重大创新理论，并将其纳入指导我国经济社会发展的重要思想和基本原则。作为因应风险挑战的重大创新理论，统筹发展和安全强调维护国家安全是"头等大事"，推动发展是"第一要务"，发展和安全是一体之两翼、驱动之双轮，要坚持发展和安全两件大事并重，努力实现两者之间动态平衡、相互促进、良性互动。⑤

---

① 中共中央宣传部、中央国家安全委员会办公室：《总体国家安全观学习纲要》，学习出版社、人民出版社 2022 年版，第 4 页。

② 习近平：《高举中国特色社会主义伟大旗帜　为全面建设社会主义现代化国家而团结奋斗——在中国共产党第二十次全国代表大会上的报告》，人民出版社 2022 年版，第 52 页。

③ 张海波、童星：《中国应急管理效能的生成机制》，《中国社会科学》2022 年第 4 期。

④ 何艳玲、汪广龙：《统筹的逻辑：中国兼顾发展和安全的实践分析》，《治理研究》2022 年第 2 期。

⑤ 参见钟开斌：《统筹发展和安全：概念演化与理论转化》，《政治学研究》2022 年第 3 期。

"安全是发展的前提，发展是安全的保障，安全和发展要同步推进。"①统筹发展和安全的本质，是在国家治理过程中辩证把握两件大事之间的逻辑关系，推动发展和安全深度融合，在推动经济社会快速发展的同时更多考虑风险因素，从而实现高质量发展和高水平安全有机统一、相互促进。适应进入安全新阶段风险挑战更加严峻复杂的趋势，统筹发展和安全要特别强调准确把握我国风险集中爆发期和战略承压期风险综合体的总体态势和演化特征，全面增强忧患意识、风险意识和责任意识，牢固树立安全发展理念，全力防范和化解影响我国现代化进程的各种重大风险，夯实国家发展的安全根基。对此，习近平总书记明确提出了国家安全"两个十分重要"、应急管理"三个重要"的重要论断——"国家安全工作是党治国理政一项十分重要的工作，也是保障国泰民安一项十分重要的工作"②；"应急管理是国家治理体系和治理能力的重要组成部分，承担防范化解重大安全风险、及时应对处置各类灾害事故的重要职责，担负保护人民群众生命财产安全和维护社会稳定的重要使命。"③

作为改革开放以来中国共产党在总结新的生动实践基础上提出的一个重要创新理论，统筹发展和安全"不仅有力指导了我国经济发展实践，而且开拓了马克思主义政治经济学新境界"④。坚持统筹发展和

---

① 中共中央党史和文献研究院编：《习近平关于防范风险挑战、应对突发事件论述摘编》，中央文献出版社 2020 年版，第 70 页。

② 《习近平谈治国理政》第四卷，外文出版社 2022 年版，第 389 页。

③ 中共中央党史和文献研究院编：《习近平关于防范风险挑战、应对突发事件论述摘编》，中央文献出版社 2020 年版，第 198 页。

④ 习近平：《论把握新发展阶段、贯彻新发展理念、构建新发展格局》，中央文献出版社 2021 年版，第 377 页。

安全，既是总体国家安全观的核心要义和内涵要求之一，也是各级党委、政府和领导干部做好新时代国家安全和社会稳定工作必须坚持的基本政策取向。党的十九大强调："统筹发展和安全，增强忧患意识，做到居安思危，是我们党治国理政的一个重大原则。"①党的十九届五中全会把"统筹发展和安全"列入"十四五"时期我国经济社会发展的指导思想和重要原则，并以专章作出战略部署。党的十九届六中全会再次强调要统筹发展和安全。党的十九届七中全会强调，要"落实疫情要防住、经济要稳住、发展要安全的要求，统筹新冠疫情防控和经济社会发展，统筹发展和安全，毫不放松抓好常态化疫情防控，推动高质量发展"②。党的二十大通过的《中国共产党章程（修正案）》首次写入"统筹发展和安全"。

坚持"两个至上"。国家治理是一个多目标构成的集合，在具体情境下，不同的目标之间可能存在相互矛盾冲突的现象，决策者有时必须在这些相互矛盾冲突的目标中进行权衡、取舍。党的十八大以来，习近平总书记明确提出了"坚持人民至上、生命至上"的价值追求和执政理念，要求把保护人民生命安全和身体健康放在第一位，并将其作为各级党委、政府和领导干部制定风险防控政策的首要考量和衡量风险防控成效的根本标准。2013 年 11 月 24 日，在听取青岛黄岛经济开发区输油管线泄漏引发爆燃事故情况汇报时，习近平总书记明确提出"生命第一"的思想，强调"始终把人民群众生命安全放

---

① 习近平：《决胜全面建成小康社会　夺取新时代中国特色社会主义伟大胜利——在中国共产党第十九次全国代表大会上的报告》，人民出版社 2017 年版，第 24 页。
② 《中国共产党第二十次全国代表大会文件汇编》，人民出版社 2022 年版，第 182 页。

在第一位，牢牢树立发展不能以牺牲人的生命为代价这个观念"①。党的十九大报告强调"弘扬生命至上、安全第一的思想"②。2020年5月22日在参加十三届全国人大三次会议内蒙古代表团审议时，习近平总书记明确提出坚持"人民至上、生命至上"的思想，强调"把人民生命安全和身体健康放在第一位""保护人民生命安全和身体健康可以不惜一切代价"③。

自提出后，坚持"两个至上"成为开展国家安全和社会稳定工作的根本价值遵循和权衡取舍标准，并被写入相关法律法规和制度规章，成为各级党委、政府和领导干部面对重大风险挑战时进行研究部署的行动准则。例如，《上海市公共卫生应急管理条例》（自2020年11月1日起施行）规定，"公共卫生应急管理工作应当坚持人民至上、生命至上"。《中华人民共和国医师法》（自2022年3月1日起施行）规定，"医师应当坚持人民至上、生命至上，发扬人道主义精神，弘扬敬佑生命、救死扶伤、甘于奉献、大爱无疆的崇高职业精神，恪守职业道德，遵守执业规范，提高执业水平，履行防病治病、保护人民健康的神圣职责"。《中华人民共和国安全生产法》（2021年新修订）规定，"安全生产工作应当以人为本，坚持人民至上、生命至上，把保护人民生命安全摆在首位，树牢安全发展理念"。党的十九届六中全会把"坚持人民至上"纳入我们党百年奋斗的宝贵历史经验，强调

---

① 中共中央党史和文献研究院编：《习近平关于防范风险挑战、应对突发事件论述摘编》，中央文献出版社2020年版，第229页。

② 《习近平谈治国理政》第三卷，外文出版社2020年版，第38页。

③ 《习近平在参加内蒙古代表团审议时强调　坚持人民至上　不断造福人民　把以人民为中心的发展思想落实到各项决策部署和实际工作之中》，《人民日报》2020年5月23日。

"党的根基在人民、血脉在人民、力量在人民，人民是党执政兴国的最大底气"①。党的二十大再次强调"必须坚持人民至上"，并将其列入习近平新时代中国特色社会主义思想的世界观和方法论。

坚持"两个至上"是人民性这个马克思主义本质属性和人民观这个马克思主义最根本价值观的集中反映，是中国共产党人民立场这个根本政治立场和以人民为中心这个根本执政理念的具体体现。"坚持以人民为中心的发展思想，不是一句空洞口号，必须落实到各项决策部署和实际工作之中。"②安全稳定是人民群众最基本、最普遍的愿望，是经济社会发展最重要、最根本的基础。坚持"两个至上"，是面对具体安全问题时各级党委、政府和领导干部在不同目标任务之间进行权衡取舍的行动准则，是中国共产党坚持以人民为中心的根本执政理念在国家安全和社会稳定领域的具体体现，是我国以总体国家安全观为思想统领的安全新理念的重要内容。

构建新安全格局的实践进路：推进国家安全体系和能力现代化

所谓格局，是指结构、规模和式样。构建新安全格局是做好我国新时代国家安全和社会稳定工作的基本思路或基本路径。进入安全新

① 《中共中央关于党的百年奋斗重大成就和历史经验的决议》，人民出版社 2021 年版，第 66 页。

② 《习近平谈治国理政》第四卷，外文出版社 2022 年版，第 53 页。

阶段、贯彻安全新理念，要求构建与安全形势和安全理念相适应的新安全格局。全面建设社会主义现代化国家新征程上推进国家安全体系和能力现代化，要以全对象、全主体、全过程、全方法为重点，做到系统整合、全域联动，立体多元、协同共治，平战结合、主动塑造，多措并举、综合施策，加快构建与有力保障新发展格局相适应的新安全格局。积极推进国家安全体系和能力现代化建设，构成了我们研究新时代新征程上我国国家安全和社会稳定相关问题、构建与新发展格局相适应的新安全格局的实践进路。

全对象：系统整合、全域联动。构建新安全格局指涉的对象是国家安全和社会稳定风险，针对的是"维护和塑造什么"的问题。进入安全新阶段，国家安全和社会稳定面临的风险综合体特征要求我们坚持系统观念，全面而不是片面地、系统而不是零散地、普遍联系而不是单一孤立地观察、研究国家安全和社会稳定工作，从全局上把握国家安全和社会稳定的整体态势以及国家安全和社会稳定工作的基本规律，避免"只见树木、不见森林"。"系统观念是具有基础性的思想和工作方法。"①坚持运用系统观念来把握国家安全和社会稳定的规律和特征，积极构建系统整合、全域联动的新安全格局，要求我们从整体上科学把握国家安全和社会稳定风险的时空分布规律，相互传导、耦合、叠加、演化趋势以及由此造成的错综复杂的后果，精准绘制国家安全和社会稳定风险关联图，为科学防控国家安全和社会稳定风险提供科学依据，防止各种"认不清、想不到、管不到"问题的发生。

---

① 《习近平谈治国理政》第四卷，外文出版社 2022 年版，第 117 页。

具体而言，积极构建系统整合、全域联动的新安全格局，要求我们从类型、时间和空间三个不同维度，从整体上全面把握各类国家安全和社会稳定风险的基本态势和连锁联动效应。在类型维度上，要高度关注由单个或多个致灾因子引发多灾并发连发形成灾害群、灾害链以及灾害遭遇等多灾种情形①，防止各类风险之间相互耦合叠加、演化转化，正如习近平总书记强调的，"要高度重视并及时阻断不同领域风险的转化通道""防止非公共性风险扩大为公共性风险、非政治性风险蔓延为政治风险"②。在时间维度上，要建立健全重大风险多点触发机制，强化动态监测和实时预警，密切关注各类风险状态变化以及在经过较长时间跨度扩散演化后可能产生的各种变异，做好打好防范化解重大风险攻坚战和持久战的思想准备和工作准备。在空间维度上，要坚持内外联动，高度关注复杂开放社会中本地安全与外地安全之间、全球新的动荡变革期国内安全与国际安全之间的传导效应，增强抗干扰、抗冲击、抗打击能力，有效避免区域性的社会安全、公共安全等问题升级为国家安全问题以及国际上的矛盾风险演变为国内的矛盾风险。

全主体：立体多元、协同共治。构建新安全格局指涉的主体是维护、塑造国家安全和社会稳定的各方力量，针对的是"谁来维护和塑造"的问题。现代社会追求的"善治"，强调多元主体之间优势互补、平等协商，形成良好的合作状态，最终达到最佳的治理效果。"多

---

① 参见史培军、吕丽莉、汪明、王静爱、陈文方：《灾害系统：灾害群、灾害链、灾害遭遇》，《自然灾害学报》2014年第6期。

② 《习近平谈治国理政》第三卷，外文出版社2020年版，第97页。

元主体、协同共治"是指，针对一定社会领域的公共问题或公共事务，国家、市场、社会和公民等多元治理主体参与治理过程，并注重发挥相互之间的协同作用，从而形成治理的协同效应，进而实现有效治理。维护、塑造国家安全和社会稳定是一项复杂系统工程，同样需要在坚持党的领导的基础上采取多元主体治理的模式，广泛吸纳不同主体参与其中，从而汇集起维护、塑造国家安全和社会稳定的强大合力。

具体而言，积极构建立体多元、协同共治的新安全格局，要求我们健全党委领导、政府负责、社会协同、公众参与的国家安全和社会稳定工作格局，最大限度地调动各方力量和资源，形成齐抓共管、群防群控的良好氛围。一是完善高效权威的国家安全领导体制。重点优化中央决策议事协调机构，做好国家安全重大工作的顶层设计和总体布局；建立健全党委统一领导的国家安全工作责任制，衔接好重点领域责任链条；完善国家安全决策咨询和综合会商机制，提高国家安全工作的智能感知和科学决策水平。二是夯实国家安全和社会稳定基层基础。重点发挥各级党组织的政治核心作用和战斗堡垒作用，强化责任落实，提高基层干部维护、塑造国家安全和社会稳定的思想意识、责任担当和综合能力；以"4·15"全民国家安全教育日活动为契机，全面增强包括各级领导干部在内的全社会的国家安全意识和综合素养，筑牢国家安全和社会稳定的人民防线。三是完善参与全球安全治理机制。坚持共同、综合、合作、可持续的安全观，加强联合国框架内的双边和多边国际安全合作，推动落实全球发展倡议、全球安全倡议和全球文明倡议，积极推动构建普遍安全的人类命运共同体，推动世界各国携手应对各种区域性、全球性挑战；加强实践总结和理论提升，对外讲好中国国家安全和社会稳定故事，向世界分享国家安全和社会稳定的中国经验、中国方案、中国智慧。

全过程：平战结合、主动塑造。构建新安全格局指涉的过程是维护、塑造国家安全和社会稳定的关键环节和重点任务，针对的是"如何维护和塑造"的问题。作为一种现代化管理模式，全周期管理注重从要素构成、结构设置、功能配置、运行过程、运作结果等不同层面进行全过程闭环式整合，确保管理的各个环节高效运行、有序衔接、密切配合。维护、塑造国家安全和社会稳定同样是一个包含不同环节的全周期管理活动过程，要求我们坚持平战结合、标本兼治、关口前移，既要有效维护又要主动塑造国家安全与社会稳定，既立足于防又能有效处置风险，统筹维护国家安全与社会稳定和塑造国家安全与社会稳定，建立健全常态与非常态有机结合、平战快速转换机制，从而实现对国家安全和社会稳定风险的全过程动态精准防控。

具体而言，积极构建平战结合、主动塑造的新安全格局，要求我们以防范化解重大风险为主线，以源头防范、风险监测、应急处突、安全保障等为重点，推进常态治理与非常态治理有机融合，实现国家安全和社会稳定治理的全过程均衡。一是做好源头治理，推动各级党委、政府更好地履行"促一方发展、保一方平安"的政治职责，做到国家安全与经济社会发展同谋划、同部署、同推动，增强发展的安全性、稳定性和可持续性，从源头上最大限度地避免或减少国家安全和社会稳定风险的发生。二是做好风险防控，建立健全综合研判、科学决策、统筹指挥、全面动员、高效沟通等机制，抓早、抓小、抓苗头，全力防范化解各领域重大风险，坚决守住不发生系统性风险、全局性风险的底线。三是做好应急处突，增强各级领导干部处理急难险重任务的见识和胆识，做好较长时间应对外部环境变化的思想准备和工作准备，编制应对各种"黑天鹅""灰犀牛"事件的预案方案，提高第一时间发现问题、分析问题、解决问题的能力，最大限度地降低极端突发情况造成的冲击和损失。四是做好安全保障，提高重要部位、关键设施、重点场所的抗压设防标准，加快健全统一的国家战略和应急物资储备体系，强化重点领域安全保障体系建设，完善国家安全力量布局和国家区域应急力量建设，确保重要关键时刻"拉得出、用得上、打得赢"。

全方法：多措并举、综合施策。构建新安全格局指涉的方法是维护、塑造国家安全和社会稳定的具体手段、方法和工具，针对的是"依靠什么来维护和塑造"的问题。"政府工具已发展成为当代公共管理学和政策科学研究的一个焦点，并正在成长为一个新的学科分支或主题领域。"① 政府进行管理服务的政策工具是灵活多样的，既包括强制性的政治手段和行政手段，也包括诱导性的经济手段、规范性的法律手段、情感性的思想手段。维护、塑造国家安全与社会稳定涉及责任落实、体系完善、资源整合、力量统筹、意识培养等方方面面，要求我们采取多样化的政策工具，形成优势互补的政策"组合拳"。

具体而言，积极构建多措并举、综合施策的新安全格局，要求我们打造融政治行政手段、法律制度手段、社会手段、科技手段等各种

---

① 陈振明、薛澜：《中国公共管理理论研究的重点领域和主题》，《中国社会科学》2007年第 3 期。

手段于一体的政策"工具箱",提高维护、塑造国家安全和社会稳定的实际效果。在政治行政手段方面,要依托自上而下严密的组织体系,充分发挥中国特色社会主义制度强大的组织动员能力、统筹协调能力、贯彻执行能力以及集中力量办大事、办难事、办急事的独特优势。在法律制度手段方面,要完善国家安全和社会稳定方面的法治体系、战略体系、政策体系、标准规范体系、应急预案体系,推动各方面制度更加成熟、更加定型,提高国家安全和社会稳定工作的制度化、规范化、程序化水平。在社会手段方面,要坚持群众观点和群众路线,推动建立多样化、网络化、便捷化的社会力量和市场机制参与平台,夯实维护、塑造国家安全和社会稳定的群众基础和社会基础;同时,要坚持共商、共建、共享的全球治理观,完善参与全球安全治理机制,共同构建人类命运共同体。在科技手段方面,要坚持科技赋能,优化整合各类科技资源,推进国家安全科技自主创新,充分利用物联网、大数据、云计算、移动互联、人工智能、区块链等新兴技术,积极探索现代科技在国家安全和社会稳定不同场景的应用,不断提高国家安全和社会稳定工作的智能化和精细化水平。

结　论

维护国家安全和社会安定是党和国家的一项基础性工作。进入新时代,面对更多逆风逆水的外部环境和艰巨繁重的改革发展稳定任务,以习近平同志为核心的党中央着眼中华民族伟大复兴战略全局和世界百年未有之大变局，把国家安全和社会稳定摆在更加突出的位置，作出坚持总体国家安全观、构建新安全格局、建设更高水平的平安中国等重大战略部署。党的二十大明确提出推进国家安全体系和能力现代化、以新安全格局保障新发展格局的重大战略构想。新形势带来新要求，新理念引领新发展，新时代开创新事业。作为做好新时代国家安全和社会稳定工作的主要任务，构建新安全格局以国家安全体系和能力现代化建设为基本路径，是进入以战略机遇和风险挑战并存为基本特征的安全新阶段、贯彻落实以总体国家安全观为思想统领的安全新理念的主动创新之举。

马克思指出："理论在一个国家实现的程度，总是取决于理论满足这个国家的需要的程度。"①理论来源于实践又高于实践。科学理论不是一成不变的，而是具有开放、包容、进化的特征，会随着实践发展而不断丰富、不断发展。当前，我国正处在大发展、大变革、大调整的时期。伴随以中国式现代化全面推进中华民族伟大复兴进程的持续推进，对维护国家安全和社会稳定、以新安全格局保障新发展格局这个重要命题，党和国家在认识上将不断深入、在战略上将不断成熟、在实践上将不断丰富，为进一步构建和完善与新发展格局相适应的新安全格局提供更加坚实的实践基础、理论基础、制度基础，从而推动中国特色国家安全和社会稳定理论研究和实际工作不断迈上新台阶。

---

① 《马克思恩格斯选集》第一卷，人民出版社 2012 年版，第 11 页。

参考文献

习近平：《高举中国特色社会主义伟大旗帜　为全面建设社会主义现代化国家而团结奋斗——在中国共产党第二十次全国代表大会上的报告》，人民出版社 2022 年版。

习近平：《论坚持全面深化改革》，中央文献出版社 2018 年版。

习近平：《论把握新发展阶段、贯彻新发展理念、构建新发展格局》，中央文献出版社 2021 年版。

《习近平著作选读》第一卷，人民出版社 2023 年版。

《习近平谈治国理政》，外文出版社 2014 年版。

《习近平谈治国理政》第二卷，外文出版社 2017 年版。

《习近平谈治国理政》第三卷，外文出版社 2020 年版。

《习近平谈治国理政》第四卷，外文出版社 2022 年版。

《邓小平文选》第三卷，人民出版社 1993 年版。

《马克思恩格斯选集》第一卷，人民出版社 2012 年版。

《中共中央关于党的百年奋斗重大成就和历史经验的决议》，人民出版社 2021 年版。

中共中央宣传部、中央国家安全委员会办公室：《总体国家安全观学习纲要》，学习出版社、人民出版社 2022 年版。

中共中央党史和文献研究院编：《习近平关于防范风险挑战、应对突发事件论述摘编》，中央文献出版社 2020 年版。

从鹏主编：《大国安全观比较》，时事出版社 2004 年版。

《习近平在参加内蒙古代表团审议时强调　坚持人民至上　不断造福人民　把以人民为中心的发展思想落实到各项决策部署和实际工作之中》，《人民日报》2020 年 5 月 23 日。

韩庆祥、刘雷德：《论新时代"历史方位"的鲜明标志》，《马克思主义研究》2019 年第 11 期。

张海波：《中国第四代应急管理体系：逻辑与框架》，《中国行政管理》2022 年第 4 期。

刘奕、刘艺、张辉：《非常规突发事件应急管理关键科学问题与跨学科集成方法研究》，《中国应急管理》2014 年第 1 期。

钟开斌、薛澜：《以理念现代化引领体系和能力现代化：对党的十八大以来中国应急管理事业发展的一个理论阐释》，《管理世界》2022 年第 8 期。

钟开斌：《新安全理念的逻辑架构阐释》，《社会科学辑刊》2023 年第 4 期。

钟开斌：《统筹发展和安全：概念演化与理论转化》，《政治学研究》2022 年第 3 期。

刘跃进：《非传统的总体国家安全观》，《国际安全研究》2014 年第 6 期。

张海波、童星：《中国应急管理效能的生成机制》，《中国社会科学》2022 年第 4 期。

何艳玲、汪广龙：《统筹的逻辑：中国兼顾发展和安全的实践分析》，《治理研究》2022 年第 2 期。

史培军、吕丽莉、汪明、王静爱、陈文方：《灾害系统：灾害群、灾害链、灾害遭遇》，《自然灾害学报》2014 年第 6 期。

陈振明、薛澜：《中国公共管理理论研究的重点领域和主题》，《中国社会科学》2007 年第 3 期。

第二讲　以新安全格局保障新发展格局：
时代背景、实践路径与重点环节

傅小强[*]

党的二十大报告首次对国家安全问题予以专章阐述和部署，提出"必须坚定不移贯彻总体国家安全观，把维护国家安全贯穿党和国家工作各方面全过程，确保国家安全和社会稳定"。[①] 以新安全格局保障新发展格局既着眼于解决大国发展进程中面临的共性问题，又突出处理我国在以中国式现代化全面推进中华民伟大复兴过程中面临的特殊安全问题，是广泛吸收历史和现代、国内和国外等一系列治国安邦智慧的最新理论成果。以新安全格局保障新发展格局开创了在发展中巩固和维护安全的崭新局面，将确保全面建设社会主义现代化国家的步伐更稳、基础更牢、质量更优。

---

[*]　傅小强，中国现代国际关系研究院副院长、研究员、博导。

[①]　习近平：《高举中国特色社会主义伟大旗帜　为全面建设社会主义现代化国家而团结奋斗——在中国共产党第二十次全国代表大会上的报告》，人民出版社 2022 年版，第 52 页。

构建新安全格局的时代背景

以新安全格局保障新发展格局是我们党基于当前及未来一段时间国家安全面临的复杂严峻形势所作出的战略部署。习近平总书记在主持召开二十届中央国家安全委员会第一次会议时分析了当前的国家安全形势，强调"当前我们所面临的国家安全问题的复杂程度、艰巨程度明显加大"，要求"坚持底线思维和极限思维，准备经受风高浪急甚至惊涛骇浪的重大考验"[①]。这一判断体现了党中央对全球安全形势和国家安全本质的精准把握和深远考量。

当前，中华民族伟大复兴取得历史性成就，我国综合实力迈上新台阶，中国正前所未有地走近世界舞台中央。与此同时，国家安全形势并不是孤立封闭、静止不变的。随着时移世易，我国的国家安全形势在国家由大变强的关键阶段亦发生着前所未有的新变化，整体呈现新旧问题复杂交织、内外联动频繁紧密、明暗风险持续累积的异常严峻态势。展望未来一段时期，我国的国家安全形势既不太平，也不安稳，一系列重大风险隐患亟待解决。面对持续涌现的全新挑战和安全威胁、轮番上演的公开较量和隐蔽斗争、接踵而至的风险传导和矛盾升级，维护国家安全的必要性和紧迫性前所未有。

从国际环境看，当今世界正在发生深刻影响人类历史发展进程的一系列变革调整转折，国际安全形势正处于冷战结束以来的最低潮，

---

① 《习近平主持召开二十届中央国家安全委员会第一次会议强调　加快推进国家安全体系和能力现代化　以新安全格局保障新发展格局》，《人民日报》2023 年 5 月 31 日。

大国博弈再度回归引发的连锁反应正将世界推向更为危险的境地，中国发展面临的外部环境变得更趋复杂。

第一，阵营对抗态势增强。冷战时期的全球格局呈现高度阵营化的趋势，以美国为首组成了世界资本主义阵营，以苏联为核心组成了世界社会主义阵营。两大阵营壁垒分明、空前对立。乌克兰危机是冷战后俄罗斯与北约矛盾的集中爆发，在美西方深度介入下，冲突日益呈现长期化、扩大化的趋势，事实上形成了俄罗斯与北约的军事对抗，大国间冲突对抗的风险达到冷战结束以来的最高点。美国以共同反俄为借口，以"复活"北约为目的，以联盟和伙伴关系为抓手，再度将西方世界"团结"在自身周围。在挺乌反俄同时，美国不断加大对中国施压。美国政客到处渲染"中国威胁"，贩卖地区安全焦虑，挑拨有关国家同中国关系，并利用盟友对其的传统依赖，使用"胡萝卜加大棒"的手段，威逼利诱盟友和其他国家选边站队。美国以意识形态划线，将中俄等与西方制度有差异的国家列为所谓"国际稳定的挑战"，炮制所谓"民主对抗威权"叙事，试图拼凑所谓"价值观联盟"，强化甚至扩张军事集团，公开摆出对抗到底的强硬姿态。

2023年以来，美国保守派智库"传统基金会"主席凯文·罗伯茨和知名战略学者查理斯·库普乾等接连撰文，鼓吹中美"新冷战"不可避免。尽管拜登政府执政以后一再声称美国"不与中国打冷战"，但其所谓对华竞争战略却是在冷战思维指导下制定的，目的就是希望美国及其盟友能够像当年遏制苏联那样，将政治、军事和经济力量凝聚起来"全方位"地遏制中国。展望未来，美国发动"新冷战"的鼓点将越来越密集、硝烟味将越来越呛鼻，这将不可避免地给大国关系和全球安全注入更多破坏性因素，将世界推向更加危险的境地。

第二，中美博弈竞争加剧。自 2017 年底特朗普政府发布美国《国家安全战略》报告宣称"大国竞争回归"以来，美方日益倾向于将"大国竞争"聚焦于对华战略竞争。特朗普政府把中国和俄罗斯定性为挑战和威胁美国国家安全和利益的"修正主义国家"，拜登政府则在新版《国家安全战略》报告中将中国视为"最严峻的竞争对手"，鼓吹未来十年是决定竞争胜负的关键十年。目前看，乌克兰危机难以改变大国竞争的主线和基本面，中美战略相持将长期持续。

2023 年初的"气球事件"深刻表明了中美关系进入单边敌意加剧、对抗激化、风险跃升的新阶段。未来，美国对中国打压将更加"歇斯底里"，可能全面升级插手涉台、涉港、涉疆、涉藏等事关中国主权议题，在军事、地缘、科技、金融、意识形态等所谓"优势领域"下狠手；中美干预与反干涉斗争可能愈发激烈，军事对抗风险上升，科技金融"脱钩"范围扩大，政治战舆论战攻防加剧。整体来看，在美国战略焦虑上升、政策冒险冲动增强的大背景下，中美摩擦冲突频密化的趋势将持续，运筹和管控中美博弈的难度不断加大。

第三，地区形势乱局丛生。2020 年 8 月，习近平总书记在经济社会领域专家座谈会上指出，"世界进入动荡变革期"。2021 年 9 月 21 日，习近平主席以视频方式出席第七十六届联合国大会一般性辩论并发表重要讲话时明确提出，"世界进入新的动荡变革期"。2022 年 4 月 25 日，习近平总书记在中国人民大学考察时指出："世界百年未有之大变局加速演进，世界进入新的动荡变革期，迫切需要回答好

'世界怎么了'、'人类向何处去'的时代之题。"①2022 年 5 月 18 日，习近平主席在庆祝中国国际贸易促进委员会建会 70 周年大会暨全球贸易投资促进峰会上发表视频致辞时强调："当前，百年变局和世纪疫情交织，经济全球化遭遇逆流，世界进入新的动荡变革期。"从动荡变革期到新的动荡变革期，这是习近平总书记在国际国内重大场合对当下世界局势演进的重要研判。

对于这个动荡变革期的最主要特点，习近平总书记指出："当今世界正经历百年未有之大变局。最近一段时间以来，世界最主要的特点就是一个'乱'字，而这个趋势看来会延续下去。"②美国也对当前世界局势给出了负面定性。美国国务卿布林肯在 2023 年 9 月发表公开讲话时宣称，冷战后形成的世界秩序已经终结，数十年相对稳定的地缘政治已经让位于大国之间日益激烈的竞争。在全球地缘博弈回潮背景下，地区冲突"高烧不退"，类似俄乌之间一度被"冻结"的地缘争端被重新激活，一些国家国内冲突和内战风险升高。同时，恐怖威胁、气候变暖、生物安全等非传统安全威胁持续蔓延，传统安全与非传统安全威胁之间的界限日益模糊，转化日趋提速，融合日趋激烈，给全球的稳定、安全与和平带来更大挑战。

第四，经济风险喷发积聚。受到新冠疫情起伏反复、气候变化不断加重的负面效应以及宏观经济的结构性挑战（如投资疲软和债务脆

---

① 《习近平在中国人民大学考察时强调　坚持党的领导传承红色基因扎根中国大地　走出一条建设中国特色世界一流大学新路》，《人民日报》2022 年 4 月 26 日。

② 习近平：《把握新发展阶段，贯彻新发展理念，构建新发展格局》，《求是》2021 年第9 期。

弱性增加）等影响，全球经济增长的中长期前景黯淡。世界银行集团副首席经济学家艾汉·科斯表示："我们在今年早些时候看到的全球经济的缕缕阳光正在消退，前方的日子可能会很灰暗。"科斯表示，世界经济正在经历"急剧而同步的全球放缓"①。

当前，全球通货膨胀蔓延，金融市场动荡，债务压力上升，经济复苏乏力，各国经济都面临着不小的挑战。展望未来，经济全球化进程将遭受重挫，国际经贸金融规则面临重塑。围绕乌克兰危机的制裁与反制裁斗争加剧全球市场割裂，打乱国际分工和产业布局。国际政治阵营化、冷战化势头将向经济领域蔓延扩散，世界经济朝向两个"平行市场"迈进，商品、服务及资本、科技等要素的跨国流动将出现大幅转向和收缩。全球治理的分裂与失效、失能加剧，现有国际经济金融规则体系面临裂解，可能蜕化为多体系并存格局。

第五，科技遏压蔓延深化。从国际看，当前，新一轮科技革命正以前所未有的深度和广度影响世界。大数据、人工智能、云计算等新兴技术业已成为经济社会领域不可或缺的关键组成部分，科学技术正在成为重组全球要素资源、重塑全球经济结构、改变全球竞争格局的关键力量。科技领域的新变革催生新产业、新业态、新模式，并对全球产业链、供应链、价值链产生深刻影响。各国争先恐后谋求占据创新制高点，科技创新成为国际战略博弈的主要战场。

---

① A. Rappeport, "World Bank Projects Weak Global Growth Amid Rising Interest Rates", 6 June 2023, *The New York Times*, https://www.nytimes.com/2023/06/06/business/economy/world-bank-projections.html?_ga=2.125536522.1829929419.1694658603-196191301.1686644387.

纵观人类发展史，错失科技革命机遇，将造成科技安全上的短板，导致发展动力衰减和国力衰弱。科技安全已经成为影响国际格局重塑的"关键变量"，深刻影响国际力量对比，是决定国家未来和竞争优势的关键。近年来，美国政府打着维护国家安全的幌子，接连出台对华限制措施，在科技领域打压中国。美方多次声称，"小院高墙"不是为了实现更广泛的"脱钩"，"小院"之外的领域会对华开放，但管制措施的范围却在不断扩大，程度在不断收紧。美国动用国家力量推出所谓《芯片与科学法案》，拼凑所谓"半导体产业联盟""芯片四方联盟"，发布对外投资审查行政令，迄今已将1300多个中国企业、机构和个人列入各类制裁清单。[1] 不论是特朗普执政时期推出的激进的"全面科技脱钩战略"，抑或是拜登政府推出的"小院高墙"式科技竞争战略，美国在关键技术领域对华脱钩的决心是持久的。未来，在以竞争为名动用国家机器对华打压、围堵、遏制的背景下，美国不会停止给中国高科技产业发展"设绊子""卡脖子"，对华打压遏制和技术封锁的强度、广度和深度将持续深化。

从国内看，我国内部发展环境经历着深刻变化。当前我国社会政治大局持续稳定，综合国力大幅度提高，人民生活水平显著改善，总体保持国泰民安的良好局面。但我们也要看到，在向全面建设社会主义现代化国家新征程、向第二个百年奋斗目标进军的过程中，我国依然面临一系列艰巨繁重任务。经济下行压力加大、科技创新能力有待加强、人口老龄化加剧、民生保障存在短板、社会治理还

---

[1]　参见钟声：《构筑"小院高墙"终将反噬自身》，《人民日报》2023年9月12日。

有弱项，一系列影响改革发展稳定的深层次矛盾依然存在。随着构建新发展格局扎实推进，更高质量的发展需要有更高水平的安全作保障。

作为从一穷二白发展而来的大国，中国实现中华民族伟大复兴的道路注定不会一帆风顺，必然面对诸多"暗礁浅滩""风高浪急"甚至"惊涛骇浪"，各类风险挑战可能"人无我有""人有我多""人多我艰"。习近平总书记在主持召开经济社会领域专家座谈会时，从国际国内两方面分析了进入新发展阶段我国面临的新机遇新挑战，强调"国内外环境的深刻变化既带来一系列新机遇，也带来一系列新挑战，是危机并存、危中有机、危可转机"①。总体而言，我国发展已经进入了战略机遇和风险挑战并存、不确定难预料因素增多的时期，各种"黑天鹅""灰犀牛""大白鲨"事件随时可能发生。加快构建新安全格局，就是要在更为广泛的领域、更为深层的架构、更为稳固的环境中，为构建新发展格局提供安全保障和安全基础，实现高质量发展和高水平安全的良性互动。

新安全格局的构建路径

2021 年 11 月，中共中央政治局召开会议，审议《国家安全战略（2021—2025 年）》，提出"加快构建新安全格局"，这是在新时代国

① 习近平：《在经济社会领域专家座谈会上的讲话》，《人民日报》2020 年 8 月 25 日。

家安全话语体系中首次出现"新安全格局"的表述，取代了之前"大安全格局"的一贯表述。国家安全包罗万象、系统集成、多维一体，是一项需要前瞻谋划、整体推进、协同联动的庞大工程。以小见大，某种程度上中医理论与国家安全异曲同工。毛泽东同志曾就中医的特殊性指出："中国古书上这样说：'上医医国，中医医人，下医医病。'这意思就是强调人的整体性，和巴甫洛夫学说是一致的。"①其中观念就是中医是医人之医，是不走极端，重视阴阳平衡，从整体上为人服务之医。做好新时代国家安全工作，亦需重视前瞻、系统与平衡。

构建新安全格局是新时代国家安全的系统性变革、整体性重塑，必须坚持系统观念，善于运用普遍联系的、全面系统的、发展变化的思维与方法，一体化解决发展与安全之中错综复杂的矛盾问题。发现问题需要全域视野以抓住要害所在，分析问题需要全维考量以把握主要矛盾，解决问题需要全面考虑以作出综合决策，唯此才能防止小问题演化成大问题，一般问题演变成突出问题，局部问题变成全局性问题。

第一，以全体系推进加强国家安全体系建设。维护国家安全必须坚持标本兼治，要及时防范化解一系列重大安全风险挑战，打好遭遇战、阻击战，更要从长远出发，健全包括领导体制、协调体制、法治体系、战略体系、政策体系等在内的国家安全体系，固本强基，保源护流。党的二十大报告从四个方面就"推进国家安全体系和能力现代化"作出具体部署，包括"健全国家安全体系""增强维护国家安全

---

① 曹应旺：《"这不是懂不懂医的问题，而是思想问题"》，《北京日报》2020 年 4 月 13 日。

能力""提高公共安全治理水平""完善社会治理体系"，这四大方面也是以新安全格局保障新发展格局的主要任务。其中，健全国家安全体系居于首要位置，是维护国家安全的"治本之策"。

国家安全体系涵盖了国家安全组织、国家安全领域、国家安全制度、国家安全法治等方方面面，需要不断与时俱进、推陈出新。构建与新发展格局相适应的新安全格局，就要完善高效权威的国家安全领导体制，充分发挥党对国家安全工作总揽全局、协调各方的领导核心作用；全面完善国家安全法治体系，筑牢新时代国家安全的法治保障；不断完善国家安全战略体系，提升党统筹谋划、通盘布局国家安全的能力；建立健全国家安全政策体系，发挥国家安全因时而变、因势而动的导向作用；打造国家安全风险监测预警体系，助力风险防控精准靶向发力；健全国家应急管理体系，提高防灾、减灾、抗灾、救灾能力。建立健全国家安全体系还需要强化国家安全工作协调机制，健全反制裁、反干涉等机制，完善海外利益保护等安全保障体系建设，努力构建更为完备、更加科学、更趋高效的中国特色国家安全体系。

第二，以全领域谋划实现国家安全全域治理。当前，我国的国家安全领域随着国际国内环境深刻变化而不断延伸拓展，网络、数据、人工智能等新兴领域被纳入国家安全领域范畴之中。在中国特色国家安全体系中，各领域安全构成一个有机整体，其中政治安全是根本，经济安全是基础，军事、科技、文化、社会安全是保障，促进国际安全是依托，国土、科技、信息、生态、资源、核安全等具体安全也是不可忽视的重要领域。此外，网络、海洋、太空、极地等也逐渐成为各国关注的新型安全领域。所有这些领域的安全最终都服务于人民安全和政权安全，并且统一于国家利益至上。

新安全格局涵盖但又不限于国家安全机关的工作格局，还涉及近20个不同领域安全的布局分工，是一项纳入了不同层级、不同要素、不同领域的系统性工程。国家安全不是多个领域安全的简单叠加，而是一张布满节点的大网，环环相扣，不论哪一个环节和领域出现问题，都会影响国家安全战略全局。构建新安全格局就是要统筹促进各领域安全，实现重点领域、基础领域、新兴领域和未知领域安全的统筹治理和共同巩固。

第三，以全方位布局统筹国家安全内外两个大局。国家安全既是一个外部问题，也是一个内部问题。外部安全和内部安全是国家安全不可分割的两个方面，处理好外部安全和内部安全的关系，对于加快构建新安全格局具有基础意义。传统安全理论在处理上述问题过程中，存在一定的片面性和局限性，表现为重视外部安全、忽视内部安全，重视输入传导、忽视本土滋生，重视显性威胁、忽视隐性挑战等。然而，随着经济全球化的发展，国与国之间的相互依赖程度日益加深，安全问题的联动性、跨国性、多样性更加突出。许多安全问题超越国界限制，呈现国际国内联动的特点，风险外溢和风险传导并存叠加。一国的国内安全问题如处理不及时可能外溢为区域性甚至全球性安全问题；一国面对跨国性安全问题无动于衷则可能无法独善其身。

构建新安全格局要具备全局视野，将外部安全与内部安全纳入一个共同的国家安全战略框架，既努力解决好自身发展过程中面临的各种安全问题，又持续推动全球治理朝着更加公正合理的方向发展，积极构建人类命运共同体。对内，我国要始终抓牢政治安全这个根本，维护政权安全、制度安全和意识形态安全，建设更高水平的平安中国。对外，在全球发展倡议、全球安全倡议、全球文明倡议这"三大倡议"引领下，我国应积极向国际社会提供公共产品，发出中国声音、提出中国方案、贡献中国智慧，同时妥善应对外部对我国的打压遏制，增强抵御外部冲击风险的能力。

第四，以全手段运用应对国家安全风险挑战。传统而言，维护国家安全主要指运用军队、警察、情报等强力手段维持和保护国家的国土、主权、安全等方面不受内外威胁和危害。但是，强力维护并非保持和促进国家安全的唯一手段，也并非一劳永逸的最终手段。当前，军事手段已从几千年来维护国家安全的"首选手段"逐渐退居为保障国家安全的"保底手段"。基于我国经济社会发展取得的重大成就，维护国家安全的手段和选择已今非昔比。除政治、军事、外交等硬实力硬手段外，文化、司法、教育、科技、舆论等其他软措施软手段亦可以发挥持久且坚实维护国家安全的功效。

新形势下的国家安全既需要事后处置式的维护，更需要战略预置式的塑造。2018 年 4 月 17 日，习近平总书记在十九届中央国家安全委员会第一次会议上发表重要讲话强调："坚持维护和塑造国家安全，塑造是更高层次更具前瞻性的维护。"①习近平总书记对塑造国家安全作出了精辟定义。党的二十大报告专门提出，要"统筹维护和塑造国

---

① 《习近平在十九届中央国家安全委员会第一次会议上强调　全面贯彻落实总体国家安全观　开创新时代国家安全工作新局面》，《人民日报》2018 年 4 月 18 日。

家安全",反映出塑造国家安全的重要性和紧迫性前所未有。塑造国家安全具有更强的主动性、自觉性和创造性,重视超越"事后诸葛"的思维模式而"向前看""重预判"。构建新安全格局就要在增强维护国家安全能力的同时,重视塑造国家安全态势,在国家安全斗争中争取主动、趋利避害。

第五,以全社会动员建立国家安全人民防线。国家安全的根基在人民、力量在人民,人民的认同和支持是维护国家安全的不竭动力。习近平总书记强调:"要坚持国家安全一切为了人民、一切依靠人民,动员全党全社会共同努力,汇聚起维护国家安全的强大力量,夯实国家安全的社会基础。"①从这个角度而言,国家安全并非只是国家安全专门机关的"独角戏"。在国家安全诸要素中,"人"是最活跃、最重要的因素,没有全民安全意识和能力的提高,国家安全就基础不牢,事倍而功半。国家与人民在国家安全问题上是相辅相成的统一关系。国家越安全,人民就越有安全感;人民越有安全意识,国家安全也就越有依靠。所以,维护国家安全不仅是所有国家机关的任务与职责,社会组织和公民个人也应自觉把维护国家安全当作应尽的义务和应负的责任。构建新安全格局,就是要广泛动员全社会力量,充分调动广大人民群众支持、协助国家安全工作的热情,广泛凝聚民心、士气、智慧和力量,夯实国家安全的群众基础,打好维护国家安全的人民战争,建立强大的国家安全人民防线。

---

① 《习近平在首个全民国家安全教育日之际作出重要指示强调　汇聚起维护国家安全强大力量　不断提高人民群众安全感幸福感》,《人民日报》2016 年 4 月 15 日。

以新安全格局保障新发展格局的着力方向

坚持整体推进和重点突破相统一，是马克思主义科学方法论，是党在长期实践中形成的科学思想方法和工作方法。毛泽东同志要求广大领导干部学会"弹钢琴"，强调"十个指头都动作，不能有的动，有的不动"，同时，"要抓紧中心工作"，"围绕中心工作而同时开展其他方面工作"。习近平总书记多次强调坚持整体推进和重点突破相统一的重要意义，并对二者关系作出深刻论述："在整体推进的基础上抓主要矛盾和矛盾的主要方面，努力做到全局和局部相配套、治本和治标相结合、渐进和突破相衔接，实现整体推进和重点突破相统一。"[①]在构建新安全格局中，整体推进和重点突破是有机统一的辩证关系。整体推进是坚持统筹发展和安全、构建安全格局的内在需要，重点突破是集中精力防范化解重大风险的基本要求；整体推进是重点突破的最终目的，重点突破是整体推进的必然路径。只有处理好整体推进和重点突破的辩证关系，才能使新安全格局的构建真正落地见效。

以总体国家安全观为指引加快构建新安全格局，需要统筹兼顾国家安全各类要素、各个领域、各方资源、各种手段，以"总体战"思维统筹应对各种复合型挑战。同时，在坚持整体推进构建新安全格局过程中虽然要兼顾各个方面，但却不能平均用力，"眉毛胡子一把

[①] 徐作辉：《正确把握整体推进和重点突破的关系》，《中国纪检监察报》2018 年 11 月 27 日。

抓"，更不能颠倒轻重主次，"丢了西瓜捡芝麻"，而是要在统筹全局的同时，始终把工作的重点放在对全局来说最具决定意义的领域。为此，在以高水平安全保障高质量发展这场"总体战"下要打好打赢五大关键战役。

打赢国家政治安全保卫战。政治安全是攸关党和国家安危的头等大事，只有从维护政治安全的高度谋划和推进其他领域安全工作，才能实现党的长期执政、国家长治久安、人民安居乐业。[1] 在国家安全这个整体系统中，政治安全起着核心和根本作用，决定和影响着其他领域的国家安全。习近平总书记指出："政治安全涉及国家主权、政权、制度和意识形态的稳固，是一个国家最根本的需求，是一切国家生存和发展的基础条件。"[2] 深刻认识政治安全的极端重要性，主动抓好政治安全，是全面贯彻总体国家安全观、加快构建新安全格局的重要前提和可靠保障。

政治安全是新时代国家安全的"生命线"，对其他领域国家安全具有决定性影响，直接关系着国家长治久安和民族兴衰存亡。我们党领导人民进行革命、建设、改革的历史进程反复证明了一个道理：政治上的主动是最有利的主动，政治上的被动是最危险的被动。加快构建新安全格局，必须善于从政治高度谋划和推进各领域国家安全工作，把维护政治安全作为应对各领域安全风险挑战的首要任务，充分

---

[1]　参见陈文清：《牢固树立总体国家安全观在新时代国家安全工作中的指导地位》，《求是》2019 年第 8 期。

[2]　国防大学习近平新时代中国特色社会主义思想研究中心：《坚持把政治安全放在首要位置》，《解放军报》2022 年 6 月 29 日。

发挥其在协调各领域安全中的抓手作用。当前，我国面临的政治安全挑战异常严峻，敌对分子从来没有停止对我国实施"西化""分化"的策略，从来没有停止对中国共产党领导和我国社会主义制度进行颠覆破坏活动，始终企图在我国策划"颜色革命"。我们必须未雨绸缪、防微杜渐，始终坚持中国共产党领导，始终坚持中国特色社会主义制度，不断增强政治敏锐性和政治鉴别力，不断提高防范和抵御政治风险的能力，牢牢掌握维护政治安全的主动权。

打赢中美战略博弈持久战。中美博弈是一场"持久战"，也是中华民族伟大复兴征程上的重大考验之一。这场"世纪博弈"注定是一场旷日持久的耐力比赛，双方都难以速胜。目前来看，美西方经济、社会与媒体仍有较强的实力，其相较于非西方世界的优势在可预见的将来依然存在，对长达数百年的西方霸权的护持也还会长期存在。但是，世界百年未有之大变局中的"东升西降""非西方世界的群体性崛起""去西方化""民主去神话化"的长期总趋势不会变，只是这一进程并不总是线性的。大国兴衰的"持久战"将会出现拉锯状态，美国在该过程中将保持相对强大的力量，中国在该过程中将面临各种严峻风险挑战，这一基本态势将成为贯穿世界百年未有之大变局的主线。世界百年未有之大变局持续演进进程中体现的激烈政治军事博弈、残酷经济金融竞争、胶着思想观念争辩会愈发明显。

目前看，美国转向对华全面战略围堵的步伐在加快。2022 年，拜登政府新版《国家安全战略》报告提出，未来 10 年是中美较量的"决定性十年"。面对美国的打压遏制，我们既要避免"急躁病"，幻想"中美必有一战"，"要立足于早打、大打"；也要避免"幼稚病"，期待美国能够"回心转意"。今后相当长一段时期，中美之间将是对话、接触与交锋、博弈交相进行，也就是维持一种既互相斗争而又不会破裂、分裂的状态。我们切不能低估中美博弈的长期性和艰巨性，而应加紧做好迎接中美博弈全面展开的准备。

打赢关键核心技术攻坚战。科技兴则民族兴，科技强则国家强。科技安全是以新安全格局保障新发展格局的关键。党的十八大以来，科技安全在国家治理体系和治理能力现代化进程中的地位逐步上升。党的十八大提出，"科技创新是提高社会生产力和综合国力的战略支撑"，科技安全成为国家安全的战略保障。党的十九届五中全会把科技创新摆在了我国现代化建设全局中的核心地位，科技安全成为国家安全体系和能力现代化的核心要求。随着党的二十大开启以中国式现代化推动中华民族伟大复兴的新征程，党中央多次强调"科技自立自强"战略方针，提出"加快实现高水平科技自立自强"。科技安全在推进中国式现代化发展、保障中国式现代化安全方面的作用更加突出。突破关键核心技术，努力实现科技自立自强，成为以新安全格局保障新发展格局的当务之急。

当前，同建设世界科技强国的目标相比，我国发展还面临重大科技瓶颈，一些关键领域核心技术受制于人的格局没有从根本上改变，科技基础仍然薄弱，科技创新能力特别是原创能力还有很大提升空间，部分关键元器件、零部件、原材料依旧大量依赖进口。习近平总书记强调："实践反复告诉我们，关键核心技术是要不来、买不来、讨不来的。只有把关键核心技术掌握在自己手中，才能从根本上保障国家经济安全、国防安全和其他安全。"① 面对错综复杂的国际环境，必须加快关键核心技术攻关，解决"卡脖子"技术难题，才能不断提升我国发展的独立性、自主性、安全性，把创新主动权、发展主动权牢牢掌握在自己手中。

打赢塑造良好外部环境主动战。在国家安全领域，弱者强调维护，强者追求塑造。美国历来重视"塑造"在美国国家安全政策中的作用。奥巴马政府时期的首份《国家安全战略》报告宣称，"纵观美国历史，只有美国及其国家安全政策采取主动塑造而非被动适应的战略时，美国才会繁荣昌盛"②。2017年特朗普上任后，美国不断翻新针对中国的战略遏制和围堵的理念、方式和措施，不断有美国政客鼓吹"塑造中国所处的战略环境"。在此背景下，中国的周边安全环境面临一系列新情况、新问题、新挑战。

习近平总书记在主持召开二十届中央国家安全委员会第一次会议时强调："要以新安全格局保障新发展格局，主动塑造于我有利的外部安全环境。"③ 目前看，我国在塑造国家安全方面仍可在总揽国家发展与安全大局，掌握化险为夷、转危为机的战略主动上有更多作为。中国需要统筹兼顾内部安全与外部安全，更加重视外部风险挑战，加大塑造外部安全环境，主动运筹中美竞合博弈"新持久战"，善于利

① 习近平：《在中国科学院第十九次院士大会、中国工程院第十四次院士大会上的讲话》，《人民日报》2018年5月29日。

② The White House, "National Security Strategy", May 2020, https://obamawhitehouse.ar-chives.gov/sites/default/files/rss_viewer/national_security_strategy.pdf.

③ 《习近平主持召开二十届中央国家安全委员会第一次会议强调　加快推进国家安全体系和能力现代化　以新安全格局保障新发展格局》，《人民日报》2023年5月31日。

用矛盾，有效精准反制，努力建立既符合国际安全和全球治理新要求，又不违背我国外交传统和大国负责任形象的中国特色国家安全塑造模式。

打赢社会治安防控整体战。2021年，中共中央政治局召开会议审议《国家安全战略（2021—2025年）》时强调："要积极维护社会安全稳定，从源头上预防和减少社会矛盾，防范遏制重特大安全生产事故，提高食品药品等关系人民健康产品和服务的安全保障水平。"①党的二十大报告强调国家安全和社会稳定不可分割的内在联系，提出"国家安全是民族复兴的根基，社会稳定是国家强盛的前提"的战略定位，把对两者关系的认识提升到一个新高度、新境界。

平安是民之所盼，发展之基。习近平总书记强调："平安是老百姓解决温饱后的第一需求，是极重要的民生，也是最基本的发展环境。"②党的二十大报告将"平安中国建设迈向更高水平"作为新时代十年党和国家事业取得历史性成就、发生历史性变革的重要方面，把"平安中国建设扎实推进"确定为未来五年主要目标任务的重要内容，并在"推进国家安全体系和能力现代化，坚决维护国家安全和社会稳定"专章提出，"建设更高水平的平安中国"，充分体现了平安中国建设在党和国家事业发展全局中的重要战略地位。以新安全格局保障新发展格局，就要提高公共安全治理水平，完善社会治理体系，推动公

---

① 《中共中央政治局召开会议　审议〈国家安全战略（二〇二一—二〇二五年）〉〈军队功勋荣誉表彰条例〉和〈国家科技咨询委员会二〇二一年咨询报告〉　中共中央总书记习近平主持会议》，《人民日报》2021年11月19日。

② 中共中央文献研究室编：《习近平关于社会主义社会建设论述摘编》，中央文献出版社2017年版，第148页。

共安全治理模式由以事后处置为主向事前预防转型，不断提升社会安全韧性水平，为推进中国式现代化营造更加安全稳定的社会环境。

结　语

总体而言，以新安全格局保障新发展格局充分体现了党中央统筹发展和安全、协调推进构建新发展格局和新安全格局、实现高质量发展和高水平安全动态平衡的重大战略考量。要把构建新安全格局作为当前和今后一个时期国家安全工作的主要任务，坚持以新安全格局保障新发展格局，实现两个新格局相互协调、相互促进，确保人民安居乐业、社会安定有序、国家长治久安。

参考文献

习近平：《高举中国特色社会主义伟大旗帜　为全面建设社会主义现代化国家而团结奋斗——在中国共产党第二十次全国代表大会上的报告》，人民出版社 2022 年版。

中共中央文献研究室编：《习近平关于社会主义社会建设论述摘编》，中央文献出版社 2017 年版。

习近平：《把握新发展阶段，贯彻新发展理念，构建新发展格局》，《求是》2021 年第 9 期。

习近平：《在经济社会领域专家座谈会上的讲话》，《人民日报》2020 年 8 月 25 日。

习近平：《在中国科学院第十九次院士大会、中国工程院第十四次院士大会上的讲话》，《人民日报》2018 年 5 月 29 日。

《习近平主持召开二十届中央国家安全委员会第一次会议强调　加快推进国家安全体系和能力现代化　以新安全格局保障新发展格局》，《人民日报》2023 年 5 月

31 日。

《习近平在中国人民大学考察时强调　坚持党的领导传承红色基因扎根中国大地走出一条建设中国特色世界一流大学新路》，《人民日报》2022 年 4 月 26 日。

《习近平在十九届中央国家安全委员会第一次会议上强调　全面贯彻落实总体国家安全观　开创新时代国家安全工作新局面》，《人民日报》2018 年 4 月 18 日。

《习近平在首个全民国家安全教育日之际作出重要指示强调　汇聚起维护国家安全强大力量　不断提高人民群众安全感幸福感》，《人民日报》2016 年 4 月 15 日。

陈文清：《牢固树立总体国家安全观在新时代国家安全工作中的指导地位》，《求是》2019 年第 8 期。

钟声：《构筑"小院高墙"终将反噬自身》，《人民日报》2023 年 9 月 12 日。

国防大学习近平新时代中国特色社会主义思想研究中心：《坚持把政治安全放在首要位置》，《解放军报》2022 年 6 月 29 日。

《中共中央政治局召开会议　审议〈国家安全战略（二〇二一—二〇二五年）〉〈军队功勋荣誉表彰条例〉和〈国家科技咨询委员会二〇二一年咨询报告〉　中共中央总书记习近平主持会议》，《人民日报》2021 年 11 月 19 日。

曹应旺：《"这不是懂不懂医的问题，而是思想问题"》，《北京日报》2020 年 4 月 13 日。

徐作辉：《正确把握整体推进和重点突破的关系》，《中国纪检监察报》2018 年 11 月 27 日。

A. Rappeport, "World Bank Projects Weak Global Growth Amid Rising Interest Rates", 6 June 2023, *The New York Times*, https://www.nytimes.com/2023/06/06/business/economy/world-bank-projections.html?_ga=2.125536522.1829929419.1694658603-196191301.1686644387.

The White House, "National Security Strategy", May 2020, https://obamawhitehouse.archives.gov/sites/default/files/rss_viewer/national_security_strategy.pdf.

第三讲 以新安全格局保障新发展格局：双治理与双循环

陈向阳[*]

随着党的二十大报告首次提出"以新安全格局保障新发展格局"，相关研究明显增多，但对新安全格局内涵特征以及如何以新安全格局保障新发展格局的深入研究相对不足。有必要切实贯彻落实"统筹发展和安全"重大原则，对标对表新发展格局、准确把脉新安全格局的内涵特征，坚持统筹国内国际两个大局，内外兼修构建"双治理"新安全格局，有的放矢保障"双循环"新发展格局，"创新理论引领"、[①]服务现实斗争，为推进中国式现代化提供坚强安全保障。

---

[*] 陈向阳，中国现代国际关系研究院总体国家安全观研究中心办公室主任、研究员、博导。

[①] 《习近平主持召开二十届中央国家安全委员会第一次会议强调 加快推进国家安全体系和能力现代化 以新安全格局保障新发展格局》，《人民日报》2023 年 5 月 31 日。

构建两个新格局彰显"统筹发展和安全"的新时代战略部署

"统筹发展和安全"是新时代党的重大原创性思想。作为中华民族从富起来到强起来的新时代的一个鲜明理论标志,"统筹发展和安全"源于 2014 年 4 月 15 日习近平总书记在中央国家安全委员会第一次会议上提出"贯彻落实总体国家安全观",必须"既重视发展问题,又重视安全问题";[①] 出自 2014 年 11 月 28 日习近平总书记在中央外事工作会议上提出的"统筹发展安全两件大事"[②]。在 2017 年 2 月 17 日召开的国家安全工作座谈会上习近平总书记首次提出"坚持统筹发展和安全"。[③] 党的十九大报告将"坚持总体国家安全观"作为新时代中国特色社会主义思想和基本方略之一,强调"统筹发展和安全,增强忧患意识,做到居安思危,是我们党治国理政的一个重大原则"。党的十九届五中全会首次把"统筹发展和安全"纳入"十四五"时期经济社会发展指导方针和主要目标,提出构建"新发展格局"。党的二十大报告不仅将"统筹发展和安全"作为前进道路上必须牢牢把握的五条重大原则之一"坚持

构建两个新格局彰显"统筹发展和安全"的新时代大原则大战略

---

① 中共中央党史和文献研究院编:《习近平关于总体国家安全观论述摘编》,中央文献出版社 2018 年版,第 4—5 页。

② 中共中央党史和文献研究院编:《习近平关于总体国家安全观论述摘编》,中央文献出版社 2018 年版,第 7 页。

③ 中共中央党史和文献研究院编:《习近平关于总体国家安全观论述摘编》,中央文献出版社 2018 年版,第 12 页。

发扬斗争精神"的主要内容，① 而且首次以专章论述国家安全，强调"必须坚定不移贯彻总体国家安全观，把维护国家安全贯穿党和国家工作各方面全过程"，并首次提出"以新安全格局保障新发展格局"。"以新安全格局保障新发展格局"既是对"统筹发展和安全"这一新时代重要思想的继承与发展，也体现了对新征程上贯彻"统筹发展和安全"重大原则的最新实践要求。

党中央从战略高度相继提出构建新发展格局和新安全格局。面对经济全球化遭遇逆流、世界进入新的动荡变革期、国际环境更趋复杂严峻，党的十九届五中全会审议通过《中共中央关于制定国民经济和社会发展第十四个五年规划和二〇三五年远景目标的建议》，明确了"十四五"时期经济社会发展指导思想，包括"坚定不移贯彻创新、协调、绿色、开放、共享的新发展理念，坚持稳中求进工作总基调，以推动高质量发展为主题""统筹发展和安全""加快构建以国内大循环为主体、国内国际双循环相互促进的新发展格局"。对于构建"新发展格局"，习近平总书记提出，"党的十九届五中全会对构建新发展格局作出全面部署。这是把握未来发展主动权的战略性布局和先手棋，是新发展阶段要着力推动完成的重大历史任务，也是贯彻新发展理念的重大举措"。② 加快构建新发展格局，就是要在各种可以预见和难以预见的狂风暴雨、惊涛骇浪中，增强我们的生存力、竞争力、

---

① 参见习近平：《高举中国特色社会主义伟大旗帜　为全面建设社会主义现代化国家而团结奋斗——在中国共产党第二十次全国代表大会上的报告》，人民出版社 2022 年版，第 27 页。

② 习近平：《把握新发展阶段，贯彻新发展理念，构建新发展格局》，《求是》2021 年第 9 期。

发展力、持续力，确保中华民族伟大复兴进程不被迟滞甚至中断，这是"十四五"规划纲要意见建议提出的一项关系我国发展全局的重大战略任务，需要从全局和战略高度准确把握和积极推进。

2020年12月11日，中共中央政治局就切实做好国家安全工作举行第二十六次集体学习，习近平总书记强调，"要坚持总体国家安全观""把国家安全贯穿到党和国家工作各方面全过程，同经济社会发展一起谋划、一起部署，坚持系统思维，构建大安全格局，促进国际安全和世界和平，为建设社会主义现代化国家提供坚强保障"。习近平总书记提出"构建大安全格局"，体现出党中央统筹发展和安全的战略考量。2021年11月18日，中共中央政治局召开会议，审议《国家安全战略（2021—2025年）》，并提出，"新形势下维护国家安全，必须牢固树立总体国家安全观，加快构建新安全格局"。把之前的"大安全格局"改成"新安全格局"，一字之变含义颇深，因为"大安全"反映的主要是量的变化，而"新安全"体现的则是质的飞跃，并且"新安全格局"也能更好地对应"新发展格局"、更好地体现统筹发展和安全的大原则大战略。

"以新安全格局保障新发展格局"为新征程上的国家安全工作指明方向。党的二十大报告对总体国家安全观的理论阐释守正创新，首次提出"国家安全是民族复兴的根基，社会稳定是国家强盛的前提"，强调"必须坚定不移贯彻总体国家安全观，把维护国家安全贯穿党和国家工作各方面全过程，确保国家安全和社会稳定""要坚持以人民安全为宗旨、以政治安全为根本、以经济安全为基础、以军事科技文化社会安全为保障、以促进国际安全为依托，统筹外部安全和内部安全、国土安全和国民安全、传统安全和非传统安全、自身安全和共同安全，统筹维护和塑造国家安全，夯实国家安全和社会稳定基层基础，完善参与全球安全治理机制，建设更高水平的平安中国，以新安全格局保障新发展格局"。

2023 年 5 月 30 日，习近平总书记主持召开二十届中央国家安全委员会第一次会议强调，"要全面贯彻党的二十大精神""正确把握重大国家安全问题，加快推进国家安全体系和能力现代化，以新安全格局保障新发展格局，努力开创国家安全工作新局面"。会议再度提出，要"以新安全格局保障新发展格局，主动塑造于我有利的外部安全环境，更好维护开放安全，推动发展和安全深度融合"。

党的二十大报告和二十届中央国家安全委员会第一次会议均强调"以新安全格局保障新发展格局"，这为新征程上的国家安全工作指明了方向，应贯彻"统筹发展和安全"重大原则，对标对表新发展格局、加快构建新安全格局，进而以新安全格局保障新发展格局，更好护航强国建设、民族复兴。

对标新发展格局，构建"双治理"新安全格局

以"统筹国内国际两个大局"原则指导构建两个新格局。新发展格局与新安全格局都是"国之大者"，彼此的关系就是发展与安全的并重和互补关系，构建新发展格局已经走到了前面，构建新安全格局需要有的放矢、急起直追。加快构建新安全格局的前提是要明确新安

构建什么样的"新安全格局"、怎样构建"新安全格局"

全格局的内涵特征，对其内涵特征的概括提炼应对标对表新发展格局，因为这既是统筹发展和安全的体现，又是保障新发展格局的需要。

格局指的是力量对比与关系组合，以及资源分配与工作布局。新发展格局的内涵特征是"以国内大循环为主体、国内国际双循环相互促进"，其核心是"双循环"，这一表述简洁明了、直击要害、精炼精辟，其要领有二：一是"双循环"，即国内大循环与国际大循环两者兼顾、相得益彰、相互促进；二是以国内大循环为主体。这一经典表述，其"要义"有三：一是提出了国内国际两个循环之间的力量对比（"以国内大循环为主体"）与关系组合（"相互促进"），因而具备格局属性；二是贯彻落实"统筹国内国际两个大局"原则，同时坚持"大道至简"，只用了最关键的一个分析维度即国内与国际之分；三是找准了发展的要害在于"循环"。

《中共中央关于制定国民经济和社会发展第十三个五年规划的建议》明确提出"十三五"时期必须遵循的六个原则，其中第五个就是"坚持统筹国内国际两个大局"①，该原则的新发展新表述是"统筹中华民族伟大复兴战略全局和世界百年未有之大变局"。新安全格局与新发展格局原理相通，概括提炼其内涵特征同样需要贯彻落实"统筹国内国际两个大局"，并且也应"大道至简""化繁为简"，只用最关键的一个分析维度即国内与国际之分，而安全的要害在于"治理"。基于

---

① 参见陈向阳：《以新的五大发展理念统筹两个大局》，2015年12月29日，见http://www.xinhuanet.com/politics/2015-12/29/c_128576589.htm。

此，可以将新安全格局概括提炼成"以国内治理为优先、国内国际双治理良性互动"①，其要领亦有二：一是"双治理"，即国内治理和国际治理内外兼修、"良性互动"，着力防止内外风险叠加共振；二是以国内治理为优先，这既是因为国家安全工作的重心始终在国内，也符合唯物辩证法内外因关系的根本逻辑。

构建"双治理"新安全格局还应把握"四个注重"。一是注重发展和安全"有效统筹"。以此体现统筹发展和安全的原则，彰显新时代国家安全工作的崇高地位，国家安全与发展同等重要，包括高效统筹疫情防控和经济社会发展，高效统筹促发展和防风险，更好维护开放安全，推动发展和安全深度融合。

二是注重人民安全和政治安全"有机统一"。人民安全是国家安全的宗旨，政治安全是国家安全的根本，二者都是中国特色国家安全理论与实践的关键所在，将二者有机统一有助于实现人民安居乐业和党的长期执政，也有利于挫败外部势力分化离间党和人民血肉联系的企图与伎俩。

三是注重对国家利益的"有力维护"。这主要是国家安全工作的对外体现，因为国家利益至上是国家安全的准则，并且外部安全的重要性与紧迫性都在上升，维护国家利益也是各国国家安全工作的通行做法，有必要明确强调。

四是注重各领域安全"有序兼顾"。总体国家安全观的关键是"总体"，强调"大安全"理念，涵盖了二十个重点领域，包括政治、军事、

---

① 《新时代国家安全大家谈｜构建新安全格局要对标和保障新发展格局》，2023 年 4 月 19 日，见 https://baijiahao.baidu.com/s?id=1763557741680316210&wfr=spider&for=pc。

国土、经济、金融、文化、社会、科技、网络、粮食、生态、资源、核、海外利益、太空、深海、极地、生物、人工智能、数据安全，①而且还将随着社会发展与科技进步不断动态调整。对各领域安全既要全面统筹、抓总管总，更要有序兼顾、突出重点，务必区分不同领域安全的轻重缓急、优先确保重中之重，不能"眉毛胡子一把抓"，切忌平均使力，避免"撒胡椒面"。对此，《国家安全战略（2021—2025年）》强调，"必须坚持把政治安全放在首要位置，统筹做好政治安全、经济安全、社会安全、科技安全、新型领域安全等重点领域、重点地区、重点方向国家安全工作"。

以新安全格局保障新发展格局

构建新安全格局应着眼于保障新发展格局，着力以高水平安全保障高质量发展。对此，构建"双治理"的新安全格局将是解决之道，即通过"以双对双"、以"双治理"对应"双循环"，进而"以新保新"、以新安全格局保障新发展格局。一方面，要以高水平国内安全治理保障国内大循环畅通无阻，包括夯实国家安全和社会稳定基层基础、提高公共安全治理水平、完善社会治理体系、建设更高水平的平安中国；另一方面，要以有效国际安全治理保障国际经济循环持久运行，包括主动塑造大国关系与周边环境、完善参与全球安全治理机制、推

---

① 参见陈文清：《牢固树立和践行总体国家安全观　谱写新时代国家安全新篇章》，2022年4月15日，见 http://www.qstheory.cn/dukan/qs/2022-04/15/c_1128558801.htm。

广并践行"全球安全倡议"、加强海外安保能力建设、拓展国际安全合作、共同维护世界和平与地区稳定。具体而言，新征程上以"双治理"新安全格局保障"双循环"新发展格局，应全面贯彻落实党的二十大关于国家安全和对外工作的新精神，不仅要加快推进国家安全体系和能力现代化，还要协调推进全球发展倡议与全球安全倡议。

如何以新安全格局保障新发展格局

以国家安全体系和能力现代化保障"中国式现代化"。"统筹发展和安全"是推进中国式现代化须把握的重大原则，推进国家安全体系和能力现代化是中国式现代化的题中应有之义，更是中国式现代化行稳致远的坚强保障。习近平总书记在学习贯彻党的二十大精神研讨班开班式上指出，推进中国式现代化"要统筹发展和安全，贯彻总体国家安全观，健全国家安全体系，增强维护国家安全能力，坚定维护国家政权安全、制度安全、意识形态安全和重点领域安全"。[①]党的二十大报告对推进国家安全体系和能力现代化作出系统部署，充分体现了"以新安全格局保障新发展格局"的战略考量。

一是健全国家安全体系。国家安全体系是国家安全重点领域和体制机制的统称，必须坚持党中央对国家安全工作的集中统一领导，完善高效权威的国家安全领导体制，包括中央国家安全委员会以及地方相关机构；强化国家安全工作协调机制，完善国家安全法治体系、战略体系、政策体系、风险监测预警体系、国家应急管理体系，完善重

---

① 《习近平在学习贯彻党的二十大精神研讨班开班式上发表重要讲话强调　正确理解和大力推进中国式现代化》，《人民日报》2023 年 2 月 8 日。

点领域安全保障体系和重要专项协调指挥体系，强化经济、重大基础设施、金融、网络、数据、生物、资源、核、太空、海洋等安全保障体系建设。要不断加强国家安全的重点领域工作，包括跨部门的协调机制，涵盖法规、战略、政策与风险监测预警等的多个体系，贯彻落实《加快建设国家安全风险监测预警体系的意见》；健全反制裁、反干涉、反"长臂管辖"机制，针对外部势力的滥用制裁与对华遏压，针锋相对、精准反制；完善国家安全力量布局，构建全域联动、立体高效的国家安全防护体系，统筹传统和非传统安全、统筹各领域安全问题的治理，打好维护和塑造国家安全的总体战。

二是增强维护国家安全能力。坚定维护国家政权安全、制度安全、意识形态安全，加强重点领域安全能力建设，确保粮食、能源资源、重要产业链供应链安全，加强海外安全保障能力建设，维护我国公民、法人在海外的合法权益，维护海洋权益，坚定捍卫国家主权、安全、发展利益。着力强化国家安全重点领域的能力建设，着力维护政治安全、经济安全、海外安全、国土安全等；增强防范化解重大风险能力，严密防范系统性安全风险，严厉打击敌对势力渗透、破坏、颠覆、分裂活动。有效预防和有力处置重大风险，坚决挫败敌对势力的破坏捣乱活动；全面加强国家安全教育，提高各级领导干部统筹发展和安全能力，增强全民国家安全意识和素养，筑牢国家安全人民防线。贯彻落实《关于全面加强国家安全教育的意见》①，通过"4·15"

---

① 参见《习近平主持召开二十届中央国家安全委员会第一次会议强调　加快推进国家安全体系和能力现代化　以新安全格局保障新发展格局》，《人民日报》2023 年 5 月 31 日。

全民国家安全教育日等常态化制度化的国家安全宣传教育，进一步增强全民维护国家安全的共识与凝聚力。

三是提高公共安全治理水平。公共安全关乎人民安全和社会稳定，是国家安全的"基本功""内功"，务必高度重视、高效统筹、持续推进。坚持安全第一、预防为主，建立大安全大应急框架，完善公共安全体系，推动公共安全治理模式从事后反应向事前预防转型；推进安全生产风险专项整治，加强重点行业、重点领域安全监管，防止重特大生产事故，减少人员伤亡与财产损失。安全生产关乎人民安全，务必警钟长鸣。提升防灾减灾救灾和重大突发公共事件处置保障能力，加强国家区域应急力量建设。全球气候变化加剧导致我国高温、暴雨等极端天气频发，公共危害显著增大，务必强化灾害预防；加强食品药品安全监管，健全生物安全监管预警防控体系。

四是完善社会治理体系。健全共建共治共享的社会治理制度，提升社会治理效能；在社会基层坚持和发展新时代"枫桥经验"，完善新形势下正确处理人民内部矛盾机制，加强和改进人民信访工作，健全城乡社区治理体系，及时把矛盾纠纷化解在基层、化解在萌芽状态；加快推进市域社会治理现代化，提高市域社会治理能力；强化社会治安整体防控，推进扫黑除恶常态化，依法严惩群众反映强烈的电信诈骗等各类违法犯罪活动，持续提升老百姓的安全感。

协调推进全球发展倡议与全球安全倡议，以国际治理保障国际循环。"以新安全格局保障新发展格局"需要内外兼修，对外突出体现为协调推进全球发展倡议与全球安全倡议。近年来，面对传统与非传统安全威胁叠加共振、国际安全环境动荡不定、经济全球化与世界经济增长备受冲击、全球发展困境与安全困境同步凸显，习近平主席相继提出"全球发展倡议"和"全球安全倡议"，彰显中国领袖胸怀天下和推动构建人类命运共同体的大担当，同时也表明"统筹发展和安全"已成为中国对外工作新的指导思想。

2021年9月21日，习近平主席在第七十六届联合国大会一般性辩论中发表重要讲话指出，要"共同推动全球发展迈向平衡协调包容新阶段"，提出了包括"六个坚持"的"全球发展倡议"：坚持发展优先、坚持以人民为中心、坚持普惠包容、坚持创新驱动、坚持人与自然和谐共生、坚持行动导向，为力促全球发展指明方向。2023年2月21日，中国政府发布《全球安全倡议概念文件》①，彰显统筹发展和安全的大国外交新气象，展现中国对国际安全话语权的积极拓展、对维护世界和平与促进全球安全的负责担当。"全球安全倡议"于2022年4月21日提出，现已得到100多个国家和国际组织的支持。《全球安全倡议概念文件》包括背景、核心理念与原则、重点合作方向、合作平台和机制四部分，其中第二部分的"六个坚持"是对"全球安全倡议"的最新阐释，也是《全球安全倡议概念文件》的思想和灵魂，具有系统性、引领性、现实针对性。

一是坚持共同、综合、合作、可持续的安全观。安全观即"全球安全观"，是内外兼修的总体国家安全观的"世界篇"，内涵包括：秉持共同安全理念，尊重和保障每一个国家的安全；重视综合施策，统筹维护传统领域和非传统领域安全，协调推进安全治理；坚持合作之

---

① 参见《全球安全倡议概念文件（全文）》，2023年2月21日，见 https://www.gov.cn/xinwen/2023-02/21/content_5742481.htm。

道，通过政治对话、和平谈判来实现安全；寻求可持续安全，通过发展化解矛盾，消除不安全的土壤。落实"全球安全观"是促进国际安全的治本之策，将从根本上为全球发展与国际经济良性循环塑造和平稳定的国际环境、提供必要的安全保障。

二是坚持尊重各国主权、领土完整。主权平等和不干涉内政是国际法基本原则和现代国际关系最根本准则。国家不分大小、强弱、贫富，都是国际社会的平等一员，各国内政不容干涉，主权和领土完整必须得到尊重，自主选择发展道路和社会制度的权利必须得到维护。主权与领土完整是各国的核心利益，是各国安全的首要关切，是维护国际共同安全的基本前提。

三是坚持遵守《联合国宪章》宗旨和原则。各国应共同践行"真正的多边主义"，坚定维护以联合国为核心的国际体系、以国际法为基础的国际秩序、以联合国宪章宗旨和原则为基础的国际关系基本准则，维护联合国权威及其在全球安全治理中的主要平台地位，反对冷战思维、单边主义、阵营对抗、霸权主义。

四是坚持重视各国合理安全关切。任何国家在谋求自身安全时都应兼顾其他国家合理安全关切。国际社会应秉持"安全不可分割"原则，倡导自身安全与共同安全不可分割，安全权利与安全义务不可分割，构建均衡、有效、可持续的安全架构，从而实现普遍安全、共同安全。

五是坚持通过对话协商，以和平方式解决国家间的分歧和争端。各国应加强战略沟通，增进安全互信，化解矛盾，管控分歧，消除危机产生的根源。国际社会应支持一切有利于和平解决危机的努力，鼓励冲突各方以对话建互信、解纷争、促安全。

六是坚持统筹维护传统领域和非传统领域安全。当今安全的内涵和外延更加丰富，呈现更加突出的联动性、跨国性、多样性，传统和非传统安全威胁相互交织。中方倡导各国践行共商共建共享的全球治理观，共同应对地区争端和恐怖主义、气候变化、网络安全、生物安全等全球性问题，多管齐下、综合施策，推进全球安全治理，防范化解安全困境。

面对处于动荡变革期的外部环境，中国对外工作将高效统筹发展和安全，协调推进全球发展倡议与全球安全倡议，积极助力"以新安全格局保障新发展格局"。展望未来，新征程上的中国将更好统筹国内国际两个大局、更好统筹发展和安全，统筹构建新发展格局和新安全格局、统筹"双循环"和"双治理"，内外兼修、刚柔并济，敢于斗争、善于斗争，扎实推进强国建设、民族复兴。

参考文献

习近平：《高举中国特色社会主义伟大旗帜　为全面建设社会主义现代化国家而团结奋斗——在中国共产党第二十次全国代表大会上的报告》，人民出版社 2022 年版。

中共中央党史和文献研究院编：《习近平关于总体国家安全观论述摘编》，中央文献出版社 2018 年版。

习近平：《把握新发展阶段，贯彻新发展理念，构建新发展格局》，《求是》2021 年第 9 期。

《习近平主持召开二十届中央国家安全委员会第一次会议强调　加快推进国家安全体系和能力现代化　以新安全格局保障新发展格局》，《人民日报》2023 年 5 月 31 日。

《习近平在学习贯彻党的二十大精神研讨班开班式上发表重要讲话强调　正确理解和大力推进中国式现代化》，《人民日报》2023 年 2 月 8 日。

《全球安全倡议概念文件（全文）》，2023 年 2 月 21 日，见 https://www.gov.cn/xinwen/2023-02/21/content_5742481.htm。

陈向阳：《以新的五大发展理念统筹两个大局》，2015 年 12 月 29 日，见 http://www.xinhuanet.com/politics/2015-12/29/c_128576589.htm。

陈文清：《牢固树立和践行总体国家安全观　谱写新时代国家安全新篇章》，2022 年 4 月 15 日，见 http://www.qstheory.cn/dukan/qs/2022-04/15/c_1128558801.htm。

《新时代国家安全大家谈｜构建新安全格局要对标和保障新发展格局》，2023 年 4 月 19 日，见 https://baijiahao.baidu.com/s?id=1763557741680316210&wfr=spider&for=pc。

第四讲　总体国家安全观下如何统筹发展和安全

朱锋 *

　　安全是一个国家赖以生存与发展之根基。进入 21 世纪的第二个十年，中国进入由大向强发展的关键阶段，国家安全环境发生着深刻的变化，面临多方面的严峻挑战和风险。在国际层面，中国越是发展，招致的外部阻力和风险越多，特别是美国战略重心东移，加大了遏制中国的力度，使中国和平发展战略机遇期的空间受到前所未有的挤压。就国内形势而言，改革进入攻坚期和矛盾凸显期，大量社会矛盾在短期内释放，各种经济社会热点问题叠加传导，影响社会稳定的因素大大增加。面对中国国家安全和改革发展任务复杂严峻的形势，以习近平同志为核心的党中央提出了统筹发展与安全的创新理论，对于在动荡的外部环境下更好推进经济社会发展和保障国家安全具有重要指导意义。党的二十大报告进一步指出，要"建设更高水平的平安

---

* 朱锋，南京大学国际关系学院执行院长、南京大学南海研究协同创新中心执行主任，教授。

中国，以新安全格局保障新发展格局"。① 这是党在新时代作出的维护国家安全的重大战略部署，是对总体国家安全观的丰富和发展，为国家安全工作提供了理念指引，也为推动新发展格局提供了安全保障。全面推进中华民族伟大复兴的历史进程中，加快构建新安全格局和新发展格局，从而更为科学合理地统筹发展与安全的关系，将为实现"两个一百年"奋斗目标、开启全面建设社会主义现代化国家新征程奠定坚实基础。

发展与安全相辅相成、相互促进、互为依托

统筹发展与安全，前提是领悟其内在的逻辑含义，坚持全面而非片面、系统而非零散、运动而非静止的观点，深刻理解发展和安全的辩证关系，才能为制定和落实政策提供科学的行动指南。辩证唯物主义认为，发展的本质是新事物的产生与旧事物的消亡，以及新事物取代旧事物的过程。这种发展不是简单的直线前进，而是呈现出波浪式的起伏和螺旋式的上升。在这一过程中，一切事物都在不断地变化之中。中国共产党治国理政必须要推动国家向更高水平发展，实现经济、政治、文化、社会、生态文明的全面发展，不断满足人民对美好生活的向往，建设社会主义现代化强国，实现中华民族伟大复兴。这

---

① 习近平：《高举中国特色社会主义伟大旗帜　为全面建设社会主义现代化国家而团结奋斗——在中国共产党第二十次全国代表大会上的报告》，人民出版社 2022 年版，第 52—53 页。

是追求一种不断进步的发展、全面的发展、综合的发展。而安全一般被认为是一种状态，即某一特定时间点上的安全状态。2014 年 4 月 15 日，习近平总书记在中央国家安全委员会第一次全体会议上，创造性提出总体国家安全观，即"以人民安全为宗旨，以政治安全为根本，以经济安全为基础，以军事、文化、社会安全为保障，以促进国际安全为依托，走出一条中国特色国家安全道路"。[①] 具体的安全领域包括政治、国土、军事、经济、文化、社会、科技、信息、生态、资源、核等诸多内容。

安全和发展总是相互交织、密不可分，两者相辅相成、互为条件，任何时候都不能偏废。总的来说，安全是发展的基础，没有合理、系统和结构性的安全应对和安全保障，在大国竞争时代，国家的发展成果就不可能长期性、制度性和社会性地得到维护和保障。如果不能保障经济的持续增长、社会经济活力的持续调动和国家财政、金融、货币和预算等能力的持续提升，维护各项国家安全的努力和行动就会面临资源匮乏的冲击和社会动荡的挑战。习近平主席在第二届世界互联网大会开幕式上强调："安全和发展是一体之两翼、驱动之双轮。安全是发展的保障，发展是安全的目的。"[②]

安全与发展之间互相依存构成了两者辩证统一关系的同一性。安全是发展的前提。只有国家安全得到保证，才能为发展创造和谐稳定的内外部环境，人民才能集中精力推动国家各项建设事业向前发展。发展是安全的保障。物质资料的生产方式决定了经济社会的发展水平，

---

① 《习近平谈治国理政》，外文出版社 2014 年版，第 200—201 页。

② 习近平：《在第二届世界互联网大会开幕式上的讲话》，《人民日报》2015 年 12 月 17 日。

也影响着安全需求的内容和维护安全水平的程度。只有通过不断促进发展，我们才能为安全提供更广阔的领域和保障空间。事实证明，发展是解决我国一切问题的基础和关键。因此，解决突出矛盾和问题，预防和化解各类风险隐患，归根结底都要依靠发展。同时，安全与发展之间相互影响、相互制约也构成了两者辩证统一关系中的对立性。

一方面，片面强调发展、忽视安全保障的发展必然是难以持续的发展，在本质是国家间永无休止的权力、财富和利益竞争的国际关系中，也必然难以有效维护和保障本国的国家利益与民族利益。修昔底德（Thucydides）在《伯罗奔尼撒战争史》中提出："使得战争无可避免的原因是雅典日益壮大的力量，还有这种力量在斯巴达造成的恐惧。"[①] 修昔底德的这一论断从历史经验的角度揭示了在国际权力格局中，一个崛起中的大国和一个处于守成地位的大国之间发生竞争乃至冲突的极大可能性，这是难以调和的结构性矛盾。尽管"修昔底德陷阱"目前受到很多质疑和批判，但当前美国依旧坚持从霸权、霸道和霸凌主义心态与观念出发片面追求"零和博弈"的逻辑。只要美国单极霸权的全球权力分配结构不改变，世界局势是不可能有实质性改变的。应对美国对华长期战略打压和战略遏制，在发展中强安全、在安全中保发展，是中国今后国家建设进程中的长期战略任务。对此，我们不能抱有任何幻想。

另一方面，片面强调安全也会制约发展，安全建设需要为发展提供保障，同时也需要创造和提升发展的机会和条件。安全稳定的国际

---

① ［古希腊］修昔底德：《伯罗奔尼撒战争史》，谢德风译，商务印书馆 1985 年版，第 149 页。

国内环境为促进国家经济发展提供重要保障，但安全本身并非国家建设的唯一目标，实现持续的发展、实现中国式现代化、实现民族复兴的宏伟目标，全面推进"强起来"的时代主题的实现，更是国家建设的战略宏图。二战后美苏冷战，苏联为了维护冷战利益，全力投入与美国的军备竞赛，因为"要大炮不要黄油"的错误选择，最终走向崩溃。因此，要学会运用辩证思维统筹发展和安全，正确处理当前利益与长远利益、局部利益与整体利益、经济利益与社会利益之间的关系，从而实现高质量发展和高水平安全的良性互动和相互支撑。

新形势下的安全挑战与发展使命

当前，世界之变、时代之变、历史之变正以前所未有的方式展开。① 国际格局和国际体系正在发生深刻调整，全球治理体系正在发生深刻变革，国际力量对比正在发生近代以来最具革命性的变化。改革开放和加入世界贸易组织以来，中国与世界的关系进入互动和联系越发紧密的新时代，即"中国走向世界 3.0"。中国发展的基础条件、国家间关系的内涵和性质以及发展的目标都发生了巨大变化。②

为维护全球的霸权地位，特朗普政府处理中美关系的基本做法已

---

① 参见习近平：《高举中国特色社会主义伟大旗帜　为全面建设社会主义现代化国家而团结奋斗——在中国共产党第二十次全国代表大会上的报告》，人民出版社 2022 年版，第 60 页。

② 参见朱锋、杨正一：《中国区域国别学建设：路径设计与目标定位》，《国际关系研究》2023 年第 5 期。

经发生"质变"。不仅终结了冷战结束后美国长期奉行的对华接触政策，在锁定中国为最大竞争对手的同时，通过对华科技竞争、贸易竞争、数字竞争、市场竞争和意识形态竞争等方式全面打压中国，试图重新拉开美国和中国之间的力量对比差距。① 特朗普政府将中国提升到俄罗斯之前，宣称中国是美国的"最大战略竞争对手"。美国的对华政策出现了战略性的"范式变化"。② 拜登政府上台后，延续了特朗普政府对华的强硬立场，拉拢欧洲和亚太盟友打造排华的经贸体系和"去中国化"的供应链体系，强化对华技术管制和封锁，举办"全球民主峰会"，以期在外交上孤立中国。在地缘战略层面，拜登政府所谓"印太战略"公然将应对中国作为美国全球安全战略的重心。第一，加快实施所谓"印太战略"，在美军扩大在西太平洋地区军事部署和实施"综合性威慑"计划的同时，制造包括美英澳三边核潜艇制造协议（AUKUS）、美日印澳"四国安全对话"（QUAD）、美日韩三边合作等在内的各种小多边机制，推动东亚地缘政治局势向区域分裂和阵营对抗的方向发展；第二，大打"台湾牌"，刻意模糊一中政策，实质性地向"一中一台"政策倾斜；第三，在南海和东海问题上高调宣扬美国对其盟友的军事保障和军事行动的协同责任，并拉拢"北约东进"，制造台海、南海和东海"三海联动"态势，全面挑战中国维护岛礁主权、领土完整和海洋权益的合法主张；第四，将亚太作为美

---

① 参见朱锋：《贸易战、科技战与中美关系的"范式变化"》，《亚太安全与海洋研究》2019 年第 4 期。

② "President Trump Releases National Security Strategy", 2017, https://2017-2021.state.gov/president-trump-releases-national-security-strategy/index.html.

国全球外交的核心地区，意欲拉拢更多国家"站队"。近年来，东亚已经成为美国政府高官出访最活跃的地区。东亚区域安全最具挑战性的新变化是日本，日本已经成为在中美竞争中完全"选边美国"的少数亚太国家之一。近年来，日本的战略发生明显的质变态势，在中美竞争中采取"战略清晰"策略，即把"制衡中国"作为国家安全战略中心目标与手段配置。① 除此之外，美国相继发起"重建更美好世界""印太经济框架""印度—中东—欧洲经济走廊"等倡议，通过拼凑和组织地缘政治与地缘经济的团团伙伙，试图强化供应链重组、组织集团性的对华高科技脱钩、主导数字经济等方式来进一步打压中国。② 自1972年尼克松总统访华以来，东亚区域安全局势因为美国的霸权操弄还从来没有如今天这般脆弱。

在美国霸权、霸道和霸凌性质的战略竞争施压下，中国需要应对的外部发展环境的复杂化和大国关系质变所带来的安全挑战的艰巨性都是空前的。与此同时，随着太空、深海、生物以及人工智能等诸多领域的科技突破，国家安全保障的外延与内涵也在不断拓展

---

① 参见朱锋：《地缘战略与大国关系：中日关系基本走势的再分析》，《日本学刊》2022年第1期。

② "Carbis Bay G7 Summit Communiqué", 2021, https://www.whitehouse.gov/briefing-room/statements-releases/2021/06/13/carbis-bay-g7-summit-communique/; "In Asia, President Biden and a Dozen Indo–Pacific Partners Launch the Indo–Pacific Economic Framework for Prosperity," 2022, https://www.whitehouse.gov/briefing-room/statements-releases/2022/05/23/fact-sheet-in-asia-president-biden-and-a-dozen-indo-pacific-partners-launch-the-indo-pacific-economic-framework-for-prosperity/; "Memorandum of Understanding on the Principles of an India–Middle East–European Economic Corridor," 2023, https://www.whitehouse.gov/briefing-room/statements-releases/2023/09/09/memorandum-of-understanding-on-the-principles-of-an-india-middle-east-europe-economic-corridor/.

和延伸，国际安全形势的深刻变化正在给国内安全保障带来新课题、新要求和新使命。安全保障的领域已经从政治安全、国土安全、经济安全、资源安全、网络安全等领域深化和扩展到了海洋安全、信息安全、生物安全、太空安全等领域。维护和保障安全既要靠党的统一领导、人民群众的拥护与支持和中国特色社会主义体制卓越的动员力与执行力，更要靠经济的可持续性发展、科学技术的长足进步和综合国力的有效提升。但世界经济遭受新冠疫情冲击，乌克兰危机的爆发和非洲、中东地区的政治动荡，导致全球经济复苏的预期已经大大降低。再加上美国对华制裁打压所带来的"去全球化"效应，当前世界主要经济体增速均有所放缓，未来世界经济将大概率进入慢增长时期。在全球经济进入慢增长的背景下，与世界经济深度融合的中国，自身发展的动能不可避免地会受到多元冲击。

中国已经深度融入世界，世界也前所未有地走近中国。作为世界第一工业制造大国、世界第一的贸易大国，中美关系中"修昔底德陷阱"的扩散效应、全球经济进入慢速时代、气候灾变持续以及中东战乱等诸多因素的叠加，都将不可避免地影响中国的发展、考验中国的安全努力。面对当前世界局势动荡变革期效应的深化，统筹国内国际两个大局，办好发展安全两件大事，已必然成为全党的工作重点。

新安全格局与新发展格局：体制机制的改革和完善是关键

面对新形势下的安全挑战和发展限制，2023 年 5 月 30 日，习近平总书记在二十届中央国家安全委员会第一次会议上发表的重要讲话中强调："要全面贯彻党的二十大精神，深刻认识国家安全面临的复杂严峻形势，正确把握重大国家安全问题，加快推进国家安全体系和能力现代化，以新安全格局保障新发展格局，努力开创国家安全工作新局面。"①统筹推进新安全格局和新发展格局，是对总体国家安全观的又一次重大理论创新，是党和国家进入历史新阶段的时代产物。面对当前国际环境严峻复杂和国内改革稳定发展任务艰巨繁重的局面，及时、有效和专业性地推动体制机制的改革、创新和完善，是新发展格局与新安全格局齐头并进、相互依托、互为保障的关键任务。

《中华人民共和国宪法》和《中国共产党章程》都确立了习近平新时代中国特色社会主义思想的指导地位，中国式现代化更成为党的二十大所确立的实现中华民族伟大复兴的根本路径。在具体的发展与安全的治理制度和执行机制领域，改革与完善是当务之急。例如，股市和证券市场的改革是推进中国新发展格局的重要任务。在发展和安全这两个重大的国家治理领域，制度与机制的创新、改革与完善，不仅是中国准确、及时应对各种风险、挑战和压力的保障，更是长期、合理与有效统筹发展与安全两大格局的核心要素。

安全与发展治理体制与机制的创新是党和国家治理能力建设的中心环节。这正是习近平总书记就思想文化工作等发表重要讲话，呼吁和号召全国人民学深悟透党的创新理论、担负起新时代工作使命的历

---

① 《习近平主持召开二十届中央国家安全委员会第一次会议强调　加快推进国家安全体系和能力现代化　以新安全格局保障新发展格局》，《人民日报》2023 年 5 月 31 日。

史性意义所在。① 在美国对华施加各种制裁和打压措施、国际营商环境发生深刻变化的背景下，如何以创新、协调、绿色、开放、共享的新发展理念为指导，焕发中国道路的内在活力、以高水平开放推动高质量发展，已成为全面建设社会主义现代化国家、全面统筹发展与安全的重要任务。与此同时，科学、精确和制度化地应对安全挑战的多元化、多域化和动态化，以强有力的制度保障和机制应对来建立和完善整体性、结构性和体制性的安全保障与应对能力，更是以新安全格局保障新发展格局的工作方向。为此，2023 年 10 月 13 日，习近平总书记在江西考察时强调，要"解放思想、开拓进取、扬长补短、固本兴新"，② 奋力谱写中国式现代化的新篇章，这"十六字方针"及时、准确地为安全与发展进程中的体制机制创新和科学统筹发展与安全的具体路径提供了科学指引。

新发展格局，一是"新"在科技创新发展。构建新发展格局最本质的特征是实现高水平的自立自强。提升自主创新能力是破解外部技术壁垒的重要手段，也有助于增强产业链供应链的韧性和安全水平。新发展格局建立在现代化产业体系基础上，而在全球化逆流的背景下，全球产业链供应链正呈现分散化和本土化的趋势。这背后深层原因之一在于美西方试图阻断中国向全球产业链供应链两端延伸的进路。确保关键产业链供应链的安全不仅符合新发展格局的需要，也是新安全

---

① 参见《学深悟透创新理论　担负起新的文化使命——全国政协委员持续深入学习贯彻习近平总书记重要指示和全国宣传思想文化工作会议精神》，《人民政协报》2023 年 10 月 12 日。

② 参见《习近平在江西考察时强调　解放思想开拓进取扬长补短固本兴新　奋力谱写中国式现代化江西篇章》，《人民日报》2023 年 10 月 14 日。

格局的重要保障。二是"新"在多方位协调发展。这就需要全面推进城乡、区域协调发展，提高国内大循环的覆盖面，推动全国统一大市场的建设。三是"新"在绿色发展。大力推动新能源等战略性新兴产业发展，不仅有利于产业转型和激活经济增长新动力，同时提高了能源安全风险的防范能力。四是"新"在开放发展。新发展格局要推动更高水平的对外开放，通过强大的国内市场吸引全球资源要素，构建以本土企业为中心的产业链供应链，进一步提升开放型经济水平，打造国内国际双循环相互促进的新发展格局。五是"新"在共享发展。新发展格局注重实现更加公平的财富分配，致力于实现全体人民共同富裕，这不仅是中国特色社会主义的根本原则所决定的，而且是补足内需短板和转变经济增长模式，进而促进经济可持续发展的内在要求。

2021 年 11 月 18 日，中共中央政治局会议审议通过了《国家安全战略（2021—2025 年）》，提出新形势下维护国家安全，必须加快构建新安全格局，新安全格局首次进入公众视野。新安全格局，一是"新"在为新发展格局提供全面保障。新发展格局和新安全格局同样立足于新发展阶段，以新发展理念为指导。两者的"新"都源自新发展阶段的现实依据。新发展格局和新安全格局相互融合，共同构成统筹发展和安全的战略支撑。二是"新"在适应新的安全环境。当前中国发展面临的国际战略局势已迥然不同，世界政治的历史性转型和变革性调整成为国际战略格局演变的新态势，大国关系正在出现走进"后—后冷战时代"的新变化。[1] 新安全格局正是新形势下为构建合

---

① 参见朱锋：《动荡变革期的时代特征分析》，《世界经济与政治》2023 年第 1 期。

作共赢的新型大国关系和解决全球性问题的新思路。三是"新"在强调科技支撑。国家安全需要硬实力的支撑，而其中科技水平的提升具有至关重要的意义。当前，科技创新能力越来越成为综合国力竞争的重要因素。科学技术维护各领域安全的功能不断凸显，已经成为保障我国国家安全的重要手段，科学技术的进步将有力地促进新安全格局的构建。

结　论

乌克兰危机的长期化正在将大国对抗重新带回世界。2023 年 10 月，新一轮巴以冲突爆发。无论此次中东战火是否会实质性地演变为第六次中东战争，迄今未能解决的巴以冲突都将进一步造成国际社会的分裂。能源价格暴涨、难民激增、中东人道主义危机深化和中东战火造成的国际治理的脆弱性等难题将再度深化。[①] 世界思潮的分裂、对抗的态势也将进一步上升。新的动荡变革期条件下，国际关系发展的不确定性无疑进一步增大。在开启全面建设社会主义现代化国家新征程、向第二个百年奋斗目标进军的新发展阶段，中国的外部环境、国家安全使命和发展任务因为国际局势的严峻复杂而正在面临诸多新挑战、新冲击和新使命。统筹国家发展与安全已成为当前我国处理国

---

① "Bloodshed, Destruction and a Far–Off Peace? There Are Several Possible Outcomes of the Israel–Hamas War", 2023, https://www.cnbc.com/2023/10/12/how-will-the-israel-hamas-war-end-here-are-several-possible-outcomes.html.

际和国内事务面临的重大挑战。面对前进道路上的重重考验，我们必须牢固树立总体国家安全观，加快构建新安全格局，应对新挑战、解决新问题，有力维护国家安全和社会稳定。当前，我们应着力从安全领域、安全视野、安全思维三个方面来把握新安全格局的科学内涵，以新安全格局保障新发展格局。

从安全领域看，维护国家安全和社会稳定至关重要。国家安全是民族复兴的根基，我们需要妥善应对外部复杂多变的环境，以确保国家的长期发展和繁荣。同时，社会稳定是国家强盛的前提，直接关系到国家整体的前途命运。因此，构建新安全格局应当将国家安全与社会稳定有机地结合起来。我们既需要坚决捍卫国家安全，保持斗争精神，在维护国家主权、安全和发展利益的问题上保持坚定的立场，毫不动摇；也需持续维护社会稳定，致力于化解社会中存在的各种风险挑战，以确保社会的有序、良性发展。

从安全视野看，我们应该认识到人类已是不可分割的安全共同体。将自身的安全放置在全球视野中审视，是实现持久和平和共同发展的关键。作为负责任的大国，中国始终秉持合作共赢理念，不仅致力于本国安全，也积极关注全球安全。中国先后提出了"全球发展倡议"和"全球安全倡议"，为维护世界和平与发展提供了中国方案。①习近平总书记在党的二十大报告中再次强调了中国对全球安全的责任担当，提出"完善参与全球安全治理机制"的重要决策部署。这体现

---

① 参见《习近平谈治国理政》第四卷，外文出版社 2022 年版，第 468—469 页；参见习近平：《携手迎接挑战，合作开创未来——在博鳌亚洲论坛 2022 年年会开幕式上的主旨演讲》，《人民日报》2022 年 4 月 22 日。

了中国新安全格局的宽广视野，不仅维护和塑造国家安全，也积极推动全球安全倡议落地见效，致力于创造公平正义、共建共享的安全格局。

当前，我国正处于爬坡过坎、砥砺前行的关键阶段。今后很长的时间内，风险和挑战不断、危与机共存。面对错综复杂的内外环境，唯有坚持底线思维、提升安全与发展的制度和能力建设、科学统筹发展与安全的两大主题，是增强"四个意识"、坚定"四个自信"、做到"两个维护"的同时不断将中国式社会主义现代化推向历史新高度的战略性保障。为此，我们应增强忧患意识，准确应对变局，科学灵活地调整应变策略，确保国家经济社会发展的稳步推进。统筹发展和安全是当前的紧迫任务。在新时代新征程中，为构建适应新形势和新任务的安全格局，我们必须坚持发展和安全的并重原则。要树立安全发展和发展安全的理念，通过制度创新推动高质量发展，巩固国家安全的能力和社会基础。要加强安全建设，保障和巩固发展成果。全党全国各族人民需要坚决贯彻总体国家安全观，推动国家安全思路、体制和手段的创新，全面提升国家安全工作能力和水平，为中国式现代化的持续前行提供强有力的发展与安全双重支撑。

参考文献

习近平：《高举中国特色社会主义伟大旗帜　为全面建设社会主义现代化国家而团结奋斗——在中国共产党第二十次全国代表大会上的报告》，人民出版社2022年版。

《习近平谈治国理政》，外文出版社2014年版。

《习近平谈治国理政》第四卷，外文出版社2022年版。

［古希腊］修昔底德：《伯罗奔尼撒战争史》，谢德风译，商务印书馆 1985 年版。

习近平：《携手迎接挑战，合作开创未来——在博鳌亚洲论坛 2022 年年会开幕式上的主旨演讲》，《人民日报》2022 年 4 月 22 日。

习近平：《在第二届世界互联网大会开幕式上的讲话》，《人民日报》2015 年 12 月 17 日。

《习近平在江西考察时强调　解放思想开拓进取扬长补短固本兴新　奋力谱写中国式现代化江西篇章》，《人民日报》2023 年 10 月 14 日。

《习近平主持召开二十届中央国家安全委员会第一次会议强调　加快推进国家安全体系和能力现代化　以新安全格局保障新发展格局》，《人民日报》2023 年 5 月 31 日。

朱锋、杨正一：《中国区域国别学建设：路径设计与目标定位》，《国际关系研究》2023 年第 5 期。

朱锋：《贸易战、科技战与中美关系的"范式变化"》，《亚太安全与海洋研究》2019 年第 4 期。

朱锋：《地缘战略与大国关系：中日关系基本走势的再分析》，《日本学刊》2022 年第 1 期。

朱锋：《动荡变革期的时代特征分析》，《世界经济与政治》2023 年第 1 期。

《学深悟透创新理论　担负起新的文化使命——全国政协委员持续深入学习贯彻习近平总书记重要指示和全国宣传思想文化工作会议精神》，《人民政协报》2023 年 10 月 12 日。

"Bloodshed, Destruction and a Far–Off Peace? There Are Several Possible Outcomes of the Israel–Hamas War", 2023, https://www.cnbc.com/2023/10/12/how-will-the-israel-hamas-war-end-here-are-several-possible-outcomes.html.

"President Trump Releases National Security Strategy", 2017, https://2017-2021.state.gov/president-trump-releases-national-security-strategy/index.html.

"Carbis Bay G7 Summit Communiqué",2021, https://www.whitehouse.gov/briefing-room/statements-releases/2021/06/13/carbis-bay-g7-summit-communique/.

"In Asia, President Biden and a Dozen Indo–Pacific Partners Launch the Indo–Pacific Economic Framework for Prosperity", 2022, https://www.whitehouse.gov/briefing-room/statements-releases/2022/05/23/fact-sheet-in-asia-president-biden-and-a-dozen-indo-pacific-partners-launch-the-indo-pacific-economic-framework-for-prosperity/.

"Memorandum of Understanding on the Principles of an India–Middle East–European Economic Corridor", 2023, https://www.whitehouse.gov/briefing-room/statements-releases/2023/09/09/memorandum-of-understanding-on-the-principles-of-an-india-middle-east-europe-economic-corridor/.

第五讲 以总体国家安全观为指引 应对新时代国家安全挑战

戴长征[*]

安全，是安邦定国的重要基石，是一个国家得以生存和发展的基本前提，只有实现了"国泰"，"民安"的实现才具备了条件。同时，安定的生活也是全体人民的共同愿望和最根本利益。正是出于过安定和有秩序生活的愿望，人们才会建立起国家。早在先秦时期，墨子就曾经说过，"夫明乎天下之所以提乱者，生于无政长。是故选天下之贤可者，立以为天子"[①]。意思是天下混乱的原因在于没有社会秩序的建立者和维护者，所以要选择有担当作为的贤能之人，立他为天子。西方启蒙主义思潮兴起以来出现的社会契约理论，也提出人们为了过有秩序的生活而将自身的自然权利转交给主权者，从而建立国

---

[*] 戴长征，对外经济贸易大学政治学部部长，对外经济贸易大学国际关系学院、国家安全与治理研究院院长、博导，惠园特聘教授。

[①] 阎学通、徐进：《中国先秦国家间政治思想选读》，复旦大学出版社 2008 年版，第22 页。

家。可见，国家建立的初衷就是保护个人的安全，为了实现自身安定的生活，人们自愿服从于国家的权威。

从这个角度来讲，任何国家都需要有符合自身现实情况的安全战略，以维护和增进本国利益。对于中国而言，实现中华民族伟大复兴是全国各族人民的共同愿望和最大的共同利益，而这同样离不开内部和外部安全的保障。习近平总书记指出："实现中华民族伟大复兴的中国梦，保证人民安居乐业，国家安全是头等大事。"[1]在2023年5月30日召开的二十届中央国家安全委员会第一次会议上，习近平总书记再次强调，当前我们所面临的国家安全问题的复杂程度、艰巨程度明显加大，要加快推进国家安全体系和能力现代化，"以新安全格局保障新发展格局，主动塑造于我有利的外部安全环境，更好维护开放安全，推动发展和安全深度融合"。[2]由此可见，离开了安全和稳定，国家的发展和人民的安居乐业就无从谈起。如果安全的基础不牢固，中国的改革开放和社会主义现代化建设也不可能顺利进行。

总体国家安全观顺应了新时代国际国内安全态势新变化

总体国家安全观是对传统安全概念的重要创新，涵盖了综合安全、

---

[1]　中共中央宣传部、中央国家安全委员会办公室：《总体国家安全观学习纲要》，学习出版社、人民出版社 2022 年版，第 12 页。

[2]　《习近平主持召开二十届中央国家安全委员会第一次会议强调　加快推进国家安全体系和能力现代化　以新安全格局保障新发展格局》，《人民日报》2023 年 5 月 31 日。

发展安全、共同安全和可持续安全等丰富的安全思想，超越了传统的将安全看作不存在内部或外部威胁的狭义理解。学术界对于安全的理解主要集中于军事威胁特别是战争方面，因而安全研究也主要涉及使用、威胁使用军事力量或对军事力量的使用进行控制等问题。① 在冷战时期，这种将安全问题聚焦于军事威胁方面的研究路径适应了大国对抗的客观现实，也体现出当时国际关系的本质特征。但是在冷战结束之后，特别是进入 21 世纪以来，随着恐怖主义、气候变化、难民问题、粮食问题、地区冲突、金融危机、民族宗教冲突、传染病流行等问题对一国内部和国家间关系产生越来越大的影响，这种单纯将安全聚焦于军事冲突方面的研究路径的局限性日益突出。具体而言，传统的安全研究路径主要有两方面不足：一是没有明确区分国家安全与国际安全，或者说内部安全与外部安全；二是只关注到安全的消极方面，即安全意味着不存在威胁，而没有关注到安全的积极方面，即如何创造使安全得以出现和维持的条件。总体国家安全观则在这两方面超越了传统的安全理论。

就统筹国家安全与国际安全而言，总体国家安全观突出了"总体"层面的意涵。总体首先意味着系统性，即将安全置于内外统一的有机整体中去理解与把握，把国家安全的各个要素放在"多元有机"的整体中去审视，加强前瞻性思考、全局性谋划、战略性布局、整体性推进，发挥好方方面面的积极性，统筹好中华民族伟大复兴战略全局和

---

① Walt S. M., "The Renaissance of Security Studies", *International Studies Quarterly*, 1991, 35(2).

世界百年未有之大变局的关系。① 从系统论的角度来看，系统具有两个特点：第一，组成系统的一系列单元或要素相互联系，因而一部分要素及其相互关系的变化会导致系统的其他部分发生变化；第二，系统的整体具有不同于部分的特性和行为状态。② 将这一思想运用到安全领域，则意味着不同领域的安全或者说安全的各个构成要素之间是相互联系的，每个要素的变化都会影响到一个国家的整体安全，并且作为有机整体的总体国家安全也不是各个安全构成要素的简单相加，而是各个要素相互联系与相互作用的产物。因此，在系统论的思维框架中，国家安全的各个构成要素是一个有机统一体，其中的人民安全、政治安全、国家利益、经济安全、军事安全、科技安全、生态安全等要素之间都密切相关，而国家安全的各个构成要素最终又统一到人民安全和人民利益这一根本要素上。③

一段时期以来，中国所面临的安全态势出现了一些新的变化，而这就更加需要深入贯彻总体国家安全观，切实将其运用到应对各种安全挑战的实践当中。就国际安全而言，一方面，大国竞争日趋扩大化和复杂化，经济竞争、科技竞争、制度竞争、意识形态竞争等各种竞争形式在大国关系中日益凸显，冷战思维和零和博弈仍然主导着某些国家的观念和行为，地区冲突此起彼伏。另一方面，公共卫生危机、环境退化、气候变化、难民危机等各种全球性威胁也在增加，而各国

---

① 参见袁鹏：《对总体国家安全观理论体系的战略思考》，《现代国际关系》2021 年第 7 期。

② 参见 [美] 罗伯特·杰维斯：《系统效应：政治与社会生活中的复杂性》，李少军等译，上海世纪出版集团 2008 年版，第 3 页。

③ 参见刘跃进：《系统思维下的大安全格局与理念》，《人民论坛》2021 年第 8 期。

又难以在应对这些威胁方面采取有效的协调行动。就国内而言，随着我国经济社会发展进入新的阶段，国家安全面临更多新的挑战。总体上看，中国经济发展潜力足、回旋余地大，应对各类风险与挑战的能力强，经济发展长期向好的态势没有改变。但对一些具体问题，如经济增长速度有所下降、青年人失业率有所上升等，也需要引起高度重视。如果这些问题解决不好，就有可能引发系统性风险，影响到社会的和谐与稳定。面对不断出现的各种挑战，要从整体上统筹协调各个领域，切实维护好国家安全。

在构成国家安全的诸多要素当中，政治安全是最基础的安全。政治安全的核心是维护国家的政治稳定，包括政治制度的稳定、国家的统一以及社会的安定等。① 国家的政治安全是国家政治发展与政治稳定的良性互动和动态平衡。② 在国家安全范畴内，政治安全是国家安全构成要素当中的一个关键要素。从本质上来讲，其既是国家安全的一个原生要素，又是伴生要素和传统要素，因此，一直被给予高度关注。③ 同时，政治安全也是一个包括了国家内部和外部因素的复杂问题。就国家内部而言，政府治理、政治生态和执政党能力等问题直接影响到国家政治安全态势；就国家外部而言，国际权力结构、国际格局、特定时期的国际形势乃至时代主题等，也都是影响政治安全的重要因素。

---

① 参见杨建英：《政治制度安全：国家安全的核心》，《国家安全通讯》1999 年第 12 期。
② 参见刘跃进：《国家安全学》，中国政法大学出版社 2004 年版，第 109 页。
③ 参见刘跃进：《政治安全的内容及在国家安全体系中的地位》，《国际安全研究》2016 年第 6 期。

　　政治安全是国家安全的根本。现代政治学所理解的国家的四个构成要素——领土、人口、政府、主权当中，政府和主权都是政治性的存在。在四个要素当中，只有政府和主权可以将国家同前国家区分开，将国家同国际组织等非国家行为体区分开，因为国家的本质是以主权为根本特征的政治存在。[①] 由于政治因素涉及构成国家的基本要素，因此政治安全在作为构成总体国家安全的要素的同时，还影响着国家安全系统中其他重要因素。同时，政治安全又具有派生性和服务性，即它在相当程度上是由国民安全和经济安全所派生出来的，并且为国民安全和经济安全服务。这是因为国民是构成国家的基本元素，没有国民，国家也就无从谈起。经济则是国家的物质基础，是满足国民需求的基本条件，因此，国家的政治安全也可以说是从国民基本的经济需求中派生出来的。作为具体的个人的国民，需要通过以物质生产方式为基础的经济方式来满足自身需求，因而经济发展相对于国民生活而言不过是一种手段，国民生活才是经济发展的最终目的。

　　在经济、政治和国民三个要素中，国民是最终和最根本的目标，而经济和政治都是服务于这一目标的工具。在经济和政治两个要素中，政治又是服务于经济的工具。如果将这种对于三者关系的理解运用到安全领域，就可以发现政治安全不仅仅是服务于经济安全的手段，还同经济安全一样是服务于国民安全的手段。[②] 因此，要确保国

---

① 参见刘跃进：《政治安全的内容及在国家安全体系中的地位》，《国际安全研究》2016年第6期。

② 参见刘跃进：《政治安全的内容及在国家安全体系中的地位》，《国际安全研究》2016年第6期。

家的长治久安，就要切实推动社会经济健康稳定发展，人民生活水平稳步提高。

党的二十大以来，面对国内经济增速放缓，世界上一些国家通胀高企等问题，党中央采取了一系列积极有效的措施应对国内外经济形势的新变化。一方面，根据新冠疫情发展的新趋势，在 2022 年底及时调整了疫情防控政策，顺利实现了疫情防控平稳转段，为经济发展提供了更为广阔的空间。另一方面，及时出台了促进经济发展、扩大就业的一系列宏观政策，特别是促进民营经济健康发展的政策措施，取得了积极效果。当前，中国经济正在高质量发展的道路上稳步前行。

无论是政治安全、经济安全还是其他方面的安全，都同时涵盖了国内和国际因素。就国内环境而言，政治安全意味着稳定的国内局势、具有较强行动能力的政府、良好的社会治理等；而就国际环境而言，政治安全则意味着国家主权没有受到威胁，内政没有受到外部势力干涉以及国家没有面临外部入侵等风险。与此类似，经济安全也意味着良好的国民经济发展态势、稳定的就业、稳步增长的国民收入等国内因素，以及全球经济不断发展的态势、良好的贸易关系和稳定的汇率等国际因素。这表明，总体国家安全观超越了传统安全理论将国家安全和国际安全混同在一起的理解方式，而是通过影响每一个构成要素的内部和外部因素来思考和理解安全问题。

总体国家安全观超越了传统的将安全单纯理解为不存在军事威胁的思维。从传统安全理论角度来看，安全是一种"非正常"状态。巴里·布赞（Barry Buzan）等人曾经指出，安全是超越现有游戏规则的一种途径，它将一个问题框定为一种"特殊类型的政治"或者是凌驾于政治之上的因素。① 相应地，使一个问题成为安全问题也包括两个阶段：一是存在着一系列将其定义为安全问题的话语，二是存在着一系列将话语转变成实践的决定。② 也就是说，一旦一个问题成为所谓"安全问题"，国家就可以运用超越正常社会中的游戏规则的方式加以应对，而这往往也意味着对于个人自由和个人利益的侵犯和破坏。至于哪一个问题能够成为安全问题，则取决于该问题是否通过言语行为而被指涉为"存在性威胁"。一旦一个问题被定义为"存在性威胁"，并且在社会中形成了关于该问题确实属于"威胁"的主体间性理解，那么这个问题就成为安全问题。③ 从而，使用一切超越正常社会中的游戏规则的手段来予以应对该问题也是合理的。这就表明，安全是一种消极的存在，而"去安全化"才是国家所追求的最终目标。

总体国家安全观对其则有不同的理解。随着安全内涵的不断丰富，仅仅将安全看作是一种消极因素显然已经无法满足国家维护自身安全的客观需要。在国与国之间相互依赖日益紧密、各种跨越国家边界问题的影响日益突出、各国命运日益连结成一个整体的当下，如果仅仅将安全理解为一种消极的存在，仅仅是为了"避免某些人们所不希望的事情发生"，人们也就不会主动采取行动来营造安全得以维持

---

① Buzan B.; Waever O. and Wilde J. D., *Security: A New Framework for Analysis*, Boulder: Lynne Rienner Publisher Inc.,1998,p.23.

② Pace M., *The Politics of Regional Identity: Meddling with the Mediterranean*, New York: Taylor & Francis Group, 2006,p.6.

③ Buzan B.; Waever O. and Wilde J. D., *Security: A New Framework for Analysis*, Boulder: Lynne Rienner Publisher Inc., 1998,p.25.

的条件。正是由于单纯从消极方面关注安全问题存在的局限性，才有学者提出了"积极安全（positive security）"这一概念。从积极安全的角度来看，安全并不是一个制造赢家和输家的领域，而是在人类所具有共性的基础上塑造一种"非决定性的（non-decisive）"关系，或者说，是实现那些构成了人类的共性的共同价值。①

总体国家安全观认为，实现全人类共同价值和维护人类共同命运是国家安全的基础。党的二十大报告提出，要弘扬"和平、发展、公平、正义、民主、自由"的全人类共同价值。② 从这个意义上看，总体国家安全观同构建人类命运共同体理念是紧密相连的。要构建人类命运共同体，就需要建设"持久和平、普遍安全、共同繁荣、开放包容、清洁美丽"的世界。③ 其中，持久和平和普遍安全是构建人类命运共同体的基础。也只有在此基础上，"一个远离恐惧、普遍安全的世界""一个远离贫困、共同繁荣的世界""一个远离封闭、开放包容的世界"和"一个山清水秀、清洁美丽的世界"才有可能出现。④ 因此，"普遍安全"理念超越了传统意义上仅仅从消极角度来看待安全，将安全理解为不存在威胁的视角，它不同于单纯的以民族国家为核心的安全观，而力图实现对于零和安全的摒弃，体现了全人类的共

---

① Roe P., "Gender and 'Positive' Security", *International Relations*, 2014, 28(1).
② 习近平：《高举中国特色社会主义伟大旗帜　为全面建设社会主义现代化国家而团结奋斗——在中国共产党第二十次全国代表大会上的报告》，人民出版社 2022 年版，第 63 页。
③ 习近平：《论坚持推动构建人类命运共同体》，中央文献出版社 2018 年版，第 491 页。
④ 习近平：《论坚持推动构建人类命运共同体》，中央文献出版社 2018 年版，第 510—512 页。

同安全关切。① 作为一种整合性的安全理念，它丰富和延展了人类命运共同体的理论内涵，对于不断塑造和平繁荣的安全世界具有重要价值。

以总体国家安全观为指引应对新时代国家安全挑战

总体国家安全观具有整体性和系统性，因而其内涵体现出"综合安全"的特点。新冠疫情的发生和蔓延再次表明，当代安全范畴早已超越了传统的军事领域，任何问题——包括那些曾经被认为属于低级政治领域因而不涉及"安全"的问题，在特定条件下都有可能成为影响全人类生存与发展的重大问题。同时，这些安全问题还具有内外联动的性质，既涉及国家内部的政治、经济和社会安全，也涉及国家间关系的稳定。新冠疫情等各类全球性威胁既是对各国内部社会治理能力的重大挑战，也是对世界政治经济稳定的重大考验。这也表明，在全球化时代，国家安全与国际安全已经变得密不可分，任何"黑天鹅""灰犀牛"事件都可能同时危及国家内部的稳定与安全，危及国际社会的总体稳定和国家间的良性互动。

总体国家安全观认识到，站在新的历史起点上，我国国家安全的内外要素比历史上任何时候都要复杂，要适应全球化发展新特征，充分应对各类全球性风险与挑战。随着全球化的发展，那些"没有护照

---

① 参见张晋铭：《总体国家安全观指导"普遍安全世界"构建的内在逻辑与方法探析》，《学术探索》2020 年第 10 期。

的问题"越来越超出国家边界的范围，对不同国家的人们构成威胁，因而也成为全人类的共同"敌人"，需要各国政府、民众以及各类国际组织通力协作。① 特别是，在全球化背景下，国内和国际两个大局逐渐融为一体，安全成为一个国家顺利发展的必要条件，以往那些被忽视的风险越来越表现出联动、耦合与升级的特征。因此，在全球化时代，当人们在谈论"安全"这一问题时，已经不再仅仅指单一风险或某个单独层面的风险，而是指由不同类型、不同层面的风险所传导叠加而形成的复杂风险综合体。②

总体国家安全观为应对全球化时代的安全挑战提供了新思路。党的十八大以来，面对国内社会经济发展的新阶段、新态势和错综复杂的国际形势，党中央提出要统筹国内国际两个大局，统筹安全和发展两件大事，强调安全和发展是"一体之两翼、驱动之双轮"，统筹发展和安全，增强忧患意识，做到居安思危，"是我们党治国理政的一个重大原则"。③ 因此，总体国家安全观是对生存安全观、发展安全观、综合安全观和新安全观等一系列安全观的继承、发展和完善。它在对新的安全形势作出判断的基础上，将国家安全的内在结构与内容向立体化、多层次和多维度方向拓展，囊括了安全体系框架、安全关系分析、安全要素定位、安全道路选择和安全目标确定等五大方面，

---

① Johnson T., "Ordinary Patterns in an Extraordinary Crisis: How International Relations Makes Sense of the COVID Pandemic", *International Organization*, 2020, 74(S1).

② 参见张晋铭：《总体国家安全观指导"普遍安全世界"构建的内在逻辑与方法探析》，《学术探索》2020 年第 10 期。

③ 中共中央宣传部、中央国家安全委员会办公室：《总体国家安全观学习纲要》，学习出版社、人民出版社 2022 年版，第 47 页。

使国家安全的内涵、范畴和领域更为清晰、明确与广泛。① 传统观念中，人们往往认为国家无法单独应对那些主要的安全威胁，特别是那些跨越国家边界的非传统安全威胁，解决这一问题需要建立超国家机构。然而，授权超国家机构来处理安全问题是极其困难的，更加现实的方式是使国家能够更有效地应对安全问题。② 着眼于国家能力建设，党中央提出要推进国家安全体系和能力现代化，增强国家抵御各类风险的能力。为此，对内要更加注重高效协同、法治思维、科技赋能和基层基础，对外要积极塑造外部安全环境，引导国际社会共同塑造更加公正合理的国际新秩序，发挥负责任大国作用，同世界各国一道推动构建人类命运共同体。③

党的二十大报告指出，当前"和平赤字、发展赤字、安全赤字、治理赤字加重，人类社会面临前所未有的挑战"④。这是对当前国际社会所面临的风险与挑战的科学判断，体现出对于人类前途命运的深刻思考。为应对上述各类赤字，需要加强国家安全能力建设，推动各国携手合作。同时，党的二十大报告特别强调要在国际社会中弘扬"和平、发展、公平、正义、民主、自由"的全人类共同价值，构建人类

① 参见李志斐：《总体国家安全观与全球安全治理的中国方向》，《中共中央党校（国家行政学院）学报》2022 年第 1 期。

② Hameiri S.; Jones L. and Sandor A., "Security Governance and the Politics of State Transformation: Moving From Description to Explanation", *Journal of Global Security Studies*, 2018, 3(4).

③ 参见中共中央宣传部、中央国家安全委员会办公室：《总体国家安全观学习纲要》，学习出版社、人民出版社 2022 年版，第 27 页。

④ 习近平：《高举中国特色社会主义伟大旗帜　为全面建设社会主义现代化国家而团结奋斗——在中国共产党第二十次全国代表大会上的报告》，人民出版社 2022 年版，第 60 页。

命运共同体。① 这是应对各类全球性风险与挑战的必要条件，因为只有从全人类共同价值出发，才能超越狭隘的文明冲突视角，推动各国在共同目标基础上开展合作。为了推动各国携手共建普遍安全与共同安全，中国提出了全球安全倡议，其内容包括坚持共同、综合、合作、可持续的安全观；坚持尊重各国主权、领土完整，不干涉别国内政；坚持遵守联合国宪章宗旨和原则，摒弃冷战思维，反对单边主义；坚持重视各国合理安全关切，构建均衡、有效、可持续的安全架构；坚持通过对话协商以和平方式解决国家间的分歧和争端，支持一切有利于和平解决危机的努力；坚持统筹维护传统领域和非传统领域安全，共同应对各类全球性问题。② 全球安全倡议大大有助于解决当前困扰国际社会的各类安全问题，为构建和平稳定的国际秩序提供了蓝图。

在中国看来，全球安全治理的根本落脚点是维护人民安全。事实上，在西方安全理论中，也存在"人的安全"这一概念。"人的安全"认为，安全不仅仅意味着通过军事手段来捍卫国家利益，保卫国家领土，而是要关注普通人的福利。一方面，安全必须包括使个人免于诸如饥饿、疾病和压迫这样的长期威胁；另一方面，它也意味着人们在日常生活中不会受到伤害。③"人的安全"概念的提出有其进步

---

① 习近平：《高举中国特色社会主义伟大旗帜　为全面建设社会主义现代化国家而团结奋斗——在中国共产党第二十次全国代表大会上的报告》，人民出版社 2022 年版，第 63 页。

② 参见习近平：《携手迎接挑战，合作开创未来——在博鳌亚洲论坛 2022 年年会开幕式上的主旨演讲》，《人民日报》2022 年 4 月 22 日。

③ Paris R., "Human Security: Paradigm Shift or Hot Air?" *International Security*, 2001, 26(2).

意义，但是也凸显了国家主权和个人安全之间的矛盾，成为西方国家干涉他国内政的一个借口。人民安全则体现了马克思主义关于"全部人类历史的第一个前提无疑是有生命的个人的存在"这一科学论断。[1]习近平总书记指出，"国家安全工作归根结底是保障人民利益""人民立场是中国共产党的根本政治立场，是马克思主义政党区别于其他政党的显著标志"。[2]具体而言，总体国家安全观视域下的人民安全包括生存安全与发展安全两个方面，既要保护人民群众的生命安全和健康安全，也要确保人的可持续发展。[3]因此，在人民安全的基础上构建的人类命运共同体，超越了狭隘的地缘政治纷争和国家利益冲突，其重要意义在于强调尊重各种不同的价值观念和文化，推动世界各国人民通过对话与合作来谋求全人类共同利益，促进全人类共同的安全、和平与可持续发展。在 2023 年 9 月国务院新闻办公室发布的《携手构建人类命运共同体：中国的倡议与行动》白皮书中，中国政府明确提出，要"站在历史正确的一边，站在人类进步的一边，为国际关系确立新思路，为全球治理提供新智慧，为国际交往开创新格局，为美好世界描绘新愿景"[4]。具体实践上，中国则通过共建"一带一路"、落实"三大全球倡议"、积极构建各类地区和双边命运共同体以及推动各国合作以解决世界面临的各种赤字等具体行动，推动人类命运

---

[1] 《马克思恩格斯选集》第一卷，人民出版社 1995 年版，第 67 页。

[2] 中共中央宣传部、中央国家安全委员会办公室：《总体国家安全观学习纲要》，学习出版社、人民出版社 2022 年版，第 39 页。

[3] 参见李志斐：《总体国家安全观与全球安全治理的中国方向》，《中共中央党校（国家行政学院）学报》2022 年第 1 期。

[4] 中华人民共和国外交部：《携手构建人类命运共同体：中国的倡议与行动》，2023 年 9 月 26 日，见 https://www.fmprc.gov.cn/zyxw/202309/t20230926_11150108.shtml。

共同体的形成。① 人类命运共同体理念体现出中国将人民安全作为国家安全根基的基本遵循。例如，在新冠疫情期间，中国始终把维护人民群众的生命健康作为最高宗旨，在有效应对国内疫情的同时，还为其他国家抗击疫情提供了大量援助，以自身行动诠释了构建人类卫生健康共同体理念。面对气候变化问题，中国则积极推动经济发展转型，承诺在 2030 年前实现碳达峰，2060 年前实现碳中和，并积极履行《联合国气候变化框架公约》和《巴黎协定》等全球气候治理公约，以实际行动践行人与自然生命共同体、地球生命共同体等理念。

以总体国家安全观蕴含的中国智慧回应新时代国家安全诉求

总体国家安全观是中国智慧在安全领域的集中体现。长期以来，西方式的思维主导了国际关系学的发展，也影响到安全领域的相关研究。大多数西方学者认为，生存是国家所追求的最高目标，追求权力和利益是国家维持生存的最主要手段。在这种视角下，国际关系总体上是一种静态的存在。无论在任何时代，维护和改善安全都是政治单元（political unit）的首要目标，因而无论是在无政府状态还是等级制当中，政治单元都展现出自助（self-help）的行为性质。或者说，无论是在古代还是在现代，由于受到种族、文化和语言等差异的

① 中华人民共和国外交部：《携手构建人类命运共同体：中国的倡议与行动》，2023 年 9 月 26 日，见 https://www.fmprc.gov.cn/zyxw/202309/t20230926_11150108.shtml。

影响，恐惧以及由此导致的对于权力的追求始终支配着不同群体间的关系。①

不可否认，生存是国家在国际体系中追求的重要目标，但绝对不是唯一的目标。一方面，一个国家维持生存的手段并不仅局限于权力竞争和利益争夺的零和博弈；另一方面，国家也不能为了维护生存而完全牺牲其他方面的利益。这里的关键问题在于，由于中国和西方世界不同的历史文化传统与思维模式，对于如何实现生存和安全这一根本问题的理解是不同的。从西方理论的角度来看，国家间的权力竞争和利益冲突是国际关系的常态，因而国家才需要通过合作等途径来协调相互利益。也就是说，无论是通过建立国际制度还是其他方式实现合作，其原因都在于国家之间在利益上存在着相互冲突这一基本假设，而和谐——即国家间利益存在着一致性，则被视为不可能。中国式思维则主张"和合"文化，认为有可能建立一个相互包容、共建共享的和谐世界。和谐世界包含着"和为贵""协和万邦"等中华传统文化因素，是将传统文化同中国当代外交思想相结合的产物。爱好和平、崇尚和谐和睦是中华民族的优良传统，天人合一的境界、人际和谐的理想社会也是中国人所追求的目标。将这一思想运用到对外交往中，则体现为中国人所崇尚的"海纳百川，有容乃大"理念，以及中国人对于"协和万邦"理想的追求，对于求同存异、开放包容精神和不同文明兼收并蓄的坚持。②

---

① Booth K., "International Relations: The Story So Far", *International Relations*, 2019, 33(2).

② 参见孙吉胜：《传统文化与中国外交话语体系构建》，世界知识出版社 2021 年版，第155—156 页。

  党的十八大以来，面对世界政治和国际关系的新变化新发展新特点，以习近平同志为核心的党中央提出了推动构建人类命运共同体的理念。从马克思主义角度来讲，人类命运共同体理念突出了人作为"类存在物"的属性。马克思在《1844 年经济学哲学手稿》中指出，"社会性质是整个运动的普遍性质；正像社会本身生产作为人的人一样，社会也是由人生产的"，并强调"自然界的人的本质只有对社会的人来说才是存在的；因为只有在社会中，自然界对人来说才是人与人联系的纽带，才是他为别人的存在和别人为他的存在，只有在社会中，自然界才是人自己的合乎人性的存在的基础，才是人的现实的生活要素"。① 这种"类思维"是对传统"物种思维"的超越。② 从中国传统文化的角度来看，人类命运共同体理念体现出中国人自古以来对于"大同世界"的追求。在《礼记·礼运》篇中，记载了人们理想中的"大同"社会，并强调只有从生活富足的"小康"才能发展到"天下为公"的"大同"世界。③ 在儒家思想中，"天下大同"是同"仁"紧密结合在一起的。这种思想建立在对人之所以为人的认识的基础上，建立在对人类应当如何生存发展的人文之道的认识的基础上，也建立在对人的生存价值充分尊重和全面保护的基础上。④ 在儒家思想中，"仁者爱人"是核心，"克己复礼为仁"是政治理想，"己所不欲，勿施于人"

---

① 马克思：《1844 年经济学哲学手稿》，中央编译局编译，人民出版社 2018 年版，第 79 页。

② 参见贺来：《马克思哲学的"类"概念与人类命运共同体》，《哲学研究》2016 年第 8 期。

③ 邓纯东主编：《人类命运共同体思想研究》，人民日报出版社 2018 年版，第 1 页。

④ 邓纯东主编：《人类命运共同体思想研究》，人民日报出版社 2018 年版，第 9 页。

是处理人际关系的准则，"节用而爱人，使民以时"则是对执政者的要求。① 离开了"仁"，儒家所关注的"义""礼""智"等就都无从谈起。按照儒家的设想，"大同"追求的是整个天下人类的共同发展和进步。在一个大同社会当中，政治上要求选贤任能，经济上要求共同发展，人与人之间是和睦相处的关系。这种对于公平正义的理想社会形态的追求，同人类命运共同体理念有着一致的目标。②

毋庸质疑，长期以来西方话语主导了包括安全问题在内的社会科学解释。按照西方逻辑，国家的安全和不安全是绝对二分的，只要存在着不同于己的"他者"，国家就始终要面对安全威胁。因此，在西方国际关系认知和行为影响下的世界，也不会出现稳定、持续和可预期的安全，"变、乱、战"将始终是国际关系的常态。这恰恰是与中国智慧所寻求的普遍安全与合作安全背道而驰的。基于中国传统智慧的全球安全观，着眼于全人类共同福祉和命运，突出强调以"共同、综合、合作、可持续"为核心应对全球安全问题，主张综合考虑安全涵盖的各个方面，从根本上消除不安全产生的土壤，以实现安全的可持续性。这一安全观超越了通过国家间相对权力对比来看待安全的视角，认为安全应当是普遍和平等的，不能依靠牺牲其他国家的安全来追求自身的绝对安全，也不能由任何国家垄断地区安全事务，侵犯其他国家的正当权益。③ 同时，这一理念还强调安全的可持续性，即承

① 参见樊树志：《国史十六讲》，中华书局2009年版，第41页。

② 邓纯东主编：《人类命运共同体思想研究》，人民日报出版社2018年版，第10页。

③ 参见习近平：《论坚持推动构建人类命运共同体》，中央文献出版社2018年版，第112页。

认安全和发展之间的辩证关系，认为只有发展和安全并重才能实现持久安全。这是因为"发展是安全的基础，安全是发展的条件"，对亚洲大多数国家来说，发展就是最大安全，也是解决地区安全问题的"总钥匙"。①

为此，中国进一步提出了解决安全问题的具体方针，充分彰显了中华民族的思想智慧和精神追求。针对周边关系，中国提出了亲、诚、惠、容的周边外交理念。具体而言，就是坚持睦邻友好、守望相助，讲平等、重感情；坚持以诚待人、以信取人的相处之道，诚心诚意对待其他国家；坚持履行互利共赢的合作理念，以互惠互利原则为基础同其他国家开展合作；坚持开放包容、求同存异，以更加开放的胸襟促进地区合作。② 针对全球性问题，中国则提出了"共商共建共享"的全球治理观，以此作为应对和解决各种全球性挑战的总原则。"共商共建共享"超越了以工具主义逻辑为基础的思维，将社会关系而不仅仅是个体行为作为治理的起点、对象与核心。追根溯源，这一理念也根植于中国传统文化智慧当中。在中国文化中，关系性是重要的背景知识，贯穿于宏阔的中国历史，并随着社会实践而发展。它将世界看作是由人类的社会关系所构成的，是普遍相互联系的。③ 这种世界观同西方以个体理性为基础的世界观存在本质上的不同，因而建立在其上的治理理论也不同于西方的规则治理。关系性是人类的最基

---

① 习近平：《论坚持推动构建人类命运共同体》，中央文献出版社 2018 年版，第 114 页。

② 参见中共中央宣传部：《习近平总书记系列重要讲话读本》，学习出版社、人民出版社 2014 年版，第 152 页。

③ Qin Y. Q., *A Relational Theory of World Politics*, Cambridge: Cambridge University Press, 2018, p.107.

本特性，其理论前提在于人与人之间的关系是一切事物——包括国际关系的基础。在全球治理中，关系性意味着治理是一种动态的达成协议的过程，它的基础是国际间的协商和谈判，而不是一方对另一方施加控制，或强迫另一方接受以自我利益为中心的规则。[①]在中国看来，国与国之间不论大小、贫富或强弱，都是国际社会的平等成员，因此都应当平等参与决策。全球治理的规则制定不能由少数国家垄断，治理成果也不能被少数国家独占。要破解"治理赤字"困境，就要坚持全球事务由各国人民商量着办，推动治理规则民主化。[②]作为平等的成员，各国都拥有享受治理效益的权利，也都负有为治理作出贡献的义务。

结　语

党的二十大报告指出："国家安全是民族复兴的根基，社会稳定是国家强盛的前提。必须坚定不移贯彻总体国家安全观，把维护国家安全贯穿党和国家工作各方面全过程，确保国家安全和社会稳定。"[③]总体国家安全观为新时代中国维护国家安全提供了蓝图，也为应对国

[①] Qin Y. Q., "Rule, Rules and Relations: Towards a Synthetic Approach to Governance", *The Chinese Journal of International Politics*, 2011, 4(2).

[②] 参见习近平：《为建设更加美好的地球家园贡献智慧和力量——在中法全球治理论坛闭幕式上的讲话》，《人民日报》2019 年 3 月 27 日。

[③] 习近平：《高举中国特色社会主义伟大旗帜　为全面建设社会主义现代化国家而团结奋斗——在中国共产党第二十次全国代表大会上的报告》，人民出版社 2022 年版，第 52 页。

际社会中存在的各种风险和挑战、构建人类命运共同体指明了方向。当前，我国的发展进入战略机遇和战略风险并存时期。一方面，改革开放持续深入推进，社会经济保持较快发展，人民生活水平稳步提高；另一方面，各种内外部风险与挑战增多，不确定性因素增加。对这些因素如不加以适当管控，则有可能给我国的正常发展态势带来负面影响。为此，需要坚持总体国家安全观，统筹政治、经济、社会、意识形态等各领域安全，综合协调传统安全与非传统安全，同时关注内部安全与外部安全。只有这样，才能保障我国在建设社会主义现代化强国的道路上顺利前进。

参考文献

习近平：《高举中国特色社会主义伟大旗帜　为全面建设社会主义现代化国家而团结奋斗——在中国共产党第二十次全国代表大会上的报告》，人民出版社 2022 年版。

习近平：《论坚持推动构建人类命运共同体》，中央文献出版社 2018 年版。

《马克思恩格斯选集》第一卷，人民出版社 1995 年版。

马克思：《1844 年经济学哲学手稿》，中央编译局编译，人民出版社 2018 年版。

中共中央宣传部、中央国家安全委员会办公室：《总体国家安全观学习纲要》，学习出版社、人民出版社 2022 年版。

中共中央宣传部：《习近平总书记系列重要讲话读本》，学习出版社、人民出版社 2014 年版。

孙吉胜：《传统文化与中国外交话语体系构建》，世界知识出版社 2021 年版。

阎学通、徐进：《中国先秦国家间政治思想选读》，复旦大学出版社 2008 年版。

邓纯东主编：《人类命运共同体思想研究》，人民日报出版社 2018 年版。

樊树志：《国史十六讲》，中华书局 2009 年版。

刘跃进：《国家安全学》，中国政法大学出版社 2004 年版。

[美] 罗伯特·杰维斯：《系统效应：政治与社会生活中的复杂性》，李少军等译，

上海世纪出版集团 2008 年版。

《习近平主持召开二十届中央国家安全委员会第一次会议强调　加快推进国家安全体系和能力现代化　以新安全格局保障新发展格局》,《人民日报》2023 年 5 月31 日。

习近平:《携手迎接挑战,合作开创未来——在博鳌亚洲论坛 2022 年年会开幕式上的主旨演讲》,《人民日报》2022 年 4 月 22 日。

习近平:《为建设更加美好的地球家园贡献智慧和力量——在中法全球治理论坛闭幕式上的讲话》,《人民日报》2019 年 3 月 27 日。

袁鹏:《对总体国家安全观理论体系的战略思考》,《现代国际关系》2021 年第7 期。

刘跃进:《系统思维下的大安全格局与理念》,《人民论坛》2021 年第 8 期。

杨建英:《政治制度安全:国家安全的核心》,《国家安全通讯》1999 年第 12 期。

刘跃进:《政治安全的内容及在国家安全体系中的地位》,《国际安全研究》2016年第 6 期。

张晋铭:《总体国家安全观指导"普遍安全世界"构建的内在逻辑与方法探析》,《学术探索》2020 年第 10 期。

李志斐:《总体国家安全观与全球安全治理的中国方向》,《中共中央党校(国家行政学院)学报》2022 年第 1 期。

贺来:《马克思哲学的"类"概念与人类命运共同体》,《哲学研究》2016 年第 8 期。

中华人民共和国外交部:《携手构建人类命运共同体:中国的倡议与行动》,2023年 9 月 26 日,见 https://www.fmprc.gov.cn/zyxw/202309/t20230926_11150108.shtml。

Qin Y. Q., *A Relational Theory of World Politics*, Cambridge: Cambridge University Press, 2018.

Qin Y. Q., "Rule, Rules and Relations: Towards a Synthetic Approach to Governance", *The Chinese Journal of International Politics*, 2011, 4(2).

Walt S. M., "The Renaissance of Security Studies", *International Studies Quarterly*, 1991, 35(2).

Buzan B.; Waever O. and Wilde J. D., *Security: A New Framework for Analysis*, Boulder: Lynne Rienner Publisher Inc., 1998.

Pace M., *The Politics of Regional Identity: Meddling with the Mediterranean*, New York: Taylor & Francis Group, 2006.

Roe P., "Gender and 'Positive' Security", *International Relations*, 2014, 28(1).

Johnson T., "Ordinary Patterns in an Extraordinary Crisis: How International Relations Makes Sense of the COVID Pandemic", *International Organization*, 2020, 74(S1).

Hameiri S.; Jones L. and Sandor A., "Security Governance and the Politics of State Transformation: Moving From Description to Explanation", *Journal of Global Security Studies*, 2018, 3(4).

Paris R., "Human Security: Paradigm Shift or Hot Air?" *International Security*, 2001, 26 (2).

Booth K., "International Relations: The Story So Far", *International Relations*, 2019, 33 (2).

第六讲　国家安全能力的内涵特征、生成要素及建设维度

王秉 *

　　党的十八大以来，以习近平同志为核心的党中央高度重视国家安全，围绕国家安全理论创新和实践创新发表一系列重要论述，把我们党对国家安全的认识提升到了新的高度。党的二十大报告提出："推进国家安全体系和能力现代化，坚决维护国家安全和社会稳定。"[1]增强国家安全能力是坚持和贯彻总体国家安全观的着力点，是实现国家安全的基础所在和关键保障。新时代新征程，国家安全能力建设是我国国家安全工作的重要工程，开展国家安全能力建设研究与实践工作具有重大理论和现实意义。

---

*　王秉，中南大学资源与安全工程学院教授、安全理论创新与促进研究中心主任、安全科学与应急管理研究中心副主任。

[1]　习近平：《高举中国特色社会主义伟大旗帜　为全面建设社会主义现代化国家而团结奋斗——在中国共产党第二十次全国代表大会上的报告》，人民出版社 2022 年版，第 52 页。

国家安全能力相关研究

一直以来，世界主要大国都十分注重国家安全能力建设。例如，小布什政府时期，美国完成了从"基于威胁"到"基于能力"的国家安全战略转型，并将国家安全工作的重点转变为增强国家安全能力。[①] 澳大利亚政府于 2013 年专门发布《澳大利亚国家安全能力指南》[②]，指导澳大利亚进行国家安全能力建设。

当前，我国学界已围绕国家安全能力积极开展了一系列相关研究，现有研究主要集中于国家安全能力的具体子能力方面，主要涉及非传统安全能力[③]、数据主权安全能力[④]、国家安全战略能力[⑤]与国家安全动员能力[⑥]，等等。相比之下，聚焦于国家安全能力总体层面的代表性研究成果较少，李文良探讨了国家安全能力的重要性及基本类型；[⑦]

---

① 参见周建明：《从"基于威胁"到"基于能力"——把握美国安全战略转变脉络的一个视角》，《世界经济研究》2003 年第 9 期。

② Australian Government Attorney–General's Department, "Guide to Australia's National Security Capability", DPMC, 2013, https://www.nationalsecurity.gov.au/Media-and-publications/Publications/Documents/GuideToAustraliasNationalSecurityCapability.pdf.

③ 参见余潇枫：《中国非传统安全能力建设理论范式与思路》，中国社会科学出版社 2013 年版；参见谢贵平、朱家福：《中国边疆非传统安全治理体系与能力现代化的理论建构——基于广义边疆观与总体国家安全观视角》，《思想战线》2021 年第 2 期。

④ 参见黄海瑛、文禹衡：《数据主权安全能力的成熟度模型构建研究》，《图书与情报》2021 年第 4 期。

⑤ 参见苏彧、魏松：《一体化背景下的国家安全战略能力探讨》，《国际安全研究》2019 年第 5 期。

⑥ 参见张羽、郑宁、曲豪彦：《从法理和动员学角度探析国家安全动员能力》，《国防》2016 年第 7 期。

⑦ 参见李文良：《国家安全学基础理论框架构建研究》，《国际安全研究》2022 年第 5 期。

彭勃与杜力提出了国家安全的总体性能力的现实逻辑与分析框架;[1] 还有学者探讨国家安全体系和能力现代化的逻辑与路径,[2] 等等。总体来看,国家安全能力作为国家安全理论和实践体系中的核心要素,在我国其相关研究尚处于起步阶段,无论是在国家安全能力的具体子能力方面还是在国家安全能力的总体层面方面,目前均存在研究成果总体较少、研究问题深度不足等问题。因此,亟需对国家安全能力展开深度研究。除此之外,目前缺乏整体层面的国家安全能力建设研究和国家安全能力现代化研究,特别是尚未明确国家安全能力的建设维度,这在一定程度上不利于开展国家安全能力建设研究与实践工作。

因此,本文在对国家安全能力相关概念及其内涵进行解读的基础上,分析国家安全能力的特征及生成要素,并提出国家安全能力的建设维度,以期为国家安全能力建设和推进国家安全能力现代化奠定一定的理论基础,并提供未来发展的路径方向,从而为推动国家安全能力建设研究与实践工作,进而为推进国家安全体系和能力现代化提供参考。

国家安全能力的相关概念及内涵

国家安全能力与国家安全。2015 年 7 月 1 日,全国人民代表大

---

[1]　参见彭勃、杜力:《国家安全的总体性能力:现实逻辑与分析框架》,《行政论坛》2023 年第 3 期。

[2]　参见林鸿潮、刘辉:《国家安全体系和能力现代化的三重逻辑》,《新疆师范大学学报(哲学社会科学版)》2023 年第 2 期;参见王秉:《数智赋能推进国家安全体系和能力现代化:一个研究框架》,《情报理论与实践》2022 年第 12 期。

国家安全能力概念探析

会常务委员会通过的《中华人民共和国国家安全法》指出，国家安全是指国家政权、主权、统一和领土完整、人民福祉、经济社会可持续发展和国家其他重大利益相对处于没有危险和不受内外威胁的状态，以及保障持续安全状态的能力。可见，国家安全本身就是一种能力，国家安全能力是国家安全的主要属性和应有之义。

国家安全能力是指国家维护和塑造国家安全的能力，[①] 它的直接指向是国家安全状态，旨在保障国家持续处于安全状态（国家重大利益相对处于没有危险和不受内外威胁的状态），是否具备国家安全能力直接事关国家安全是否能够实现。[②] 同时，国家安全能力与国家安全状态正如一枚硬币的两面。国家安全状态一般用国家安全度来衡量，与国家安全风险呈负相关关系，与国家安全能力呈正相关关系。[③] 因此，不断提升国家安全能力可以保障国家持续处于安全状态，是国家安全工作的出发点和落脚点。

国家安全能力与国家能力。弗朗西斯·福山认为，国家能力是指集中和行使权力，要求公民遵从法律，保护自己免遭他国威胁的能力。[④] 肖传龙与张郑武文认为，"防范化解重大风险能力"是特殊国家能力之一。[⑤] 潘凤与闫振坤认为，"保护国家不受侵略和维护本国安全

---

① 参见王秉：《国家安全学核心概念体系》，《情报杂志》2023 年第 8 期。
② 参见王秉：《国家安全学核心概念体系》，《情报杂志》2023 年第 8 期。
③ 参见王秉：《国家安全学核心概念体系》，《情报杂志》2023 年第 8 期。
④ 参见 [美] 弗朗西斯·福山：《政治秩序的起源从前人类时代到法国革命》，毛俊杰译，广西师范大学出版社 2012 年版，第 16 页。
⑤ 参见肖传龙、张郑武文：《国家能力的缘起、概念及影响因素探究》，《大庆社会科学》2022 年第 2 期。

稳定的能力"是最底层和最基础的国家能力要素。① 在上述关于国家能力的内涵解释中提及的"保护自己免遭他国威胁的能力"、"防范化解重大风险能力"与"保护国家不受侵略和维护本国安全稳定的能力"均是典型的国家安全能力的体现。因此，可从国家能力角度出发对国家安全能力作出进一步解读。就国家能力的内涵而言，学界较为普遍的是从目标角度对其进行定义。例如，西达·斯考切波指出，国家能力是指国家在遭遇强势社会集团或面临不利的社会经济环境的情况下实施官方目标的能力；② 米格代尔认为，国家能力是指国家领导通过国家计划、政策和行动实现改造社会目标的能力；③ 王绍光与胡鞍钢指出，国家能力是指国家将自己的意志、目标转化为现实的能力。④ 综上可见，可将国家能力理解为国家主体实施和实现国家安全目标的能力。

　　国家安全能力是国家能力的基础和核心要素，国家能力则是国家安全能力的母体。如若脱离国家能力这一母体，国家安全能力就犹如无本之木、无源之水。因此，国家安全能力建设要注重吸纳对实现国家安全目标有重要影响的相关国家能力元素。同时，由于在整体国家能力中，国家安全能力具有基础性和不可或缺性，故国家安全能力又对国家能力发挥着强大的制约作用，影响着国家能力的提升和发展。

　　国家安全潜能与国家安全效能。国家安全能力一般体现为国家安

① 参见潘凤、闫振坤：《建党百年中国国家能力的演进历程与理论逻辑》，《学术探索》2022 年第 3 期。

② 参见 ［美］ 彼得·埃文斯、［美］ 迪特里希·鲁施迈耶、［美］ 西达·斯考切波：《找回国家》，方力维等译，生活·读书·新知三联书店 2009 年版，第 10 页。

③ 参见 ［美］ 乔尔·S. 米格代尔：《强社会与弱国家：第三世界的国家与社会关系及国家能力》，张长东等译，江苏人民出版社 2012 年版，第 5 页。

④ 参见王绍光、胡鞍钢：《中国国家能力报告》，辽宁人民出版社 1993 年版，第 6 页。

全潜能与国家安全效能。国家安全潜能与国家安全效能密切相关（见图1）。国家安全潜能是相对内隐的、潜在的国家安全能力，是指一个国家能够用于维护和塑造国家安全的所有力量的总和。国家安全潜能决定着未来的国家安全能力，间接影响着国家安全状态（水平），作为提升国家安全水平的前提条件，是国家安全能力的内在基础。国家安全潜能体现了国家安全能力发展的可能性，这种可能性在相关条件许可时，可通过一定的策略转化和发展成为国家安全效能。因此，挖掘、激活和转化国家安全潜能是国家安全能力建设的主要路径之一。

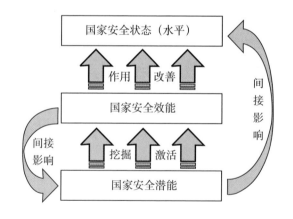

资料来源：作者自制。

图1 国家安全潜能与国家安全效能关系

国家安全效能是被挖掘、激活的国家安全潜能，是相对外显的、现实的国家安全能力，是指一个国家将国家安全目标和国家安全潜能转化为国家安全工作成果的能力及其所取得的效果。国家安全效能决定着当前的国家安全能力，直接影响着国家安全状态（水平）和国家安全，其目的在于保障国家安全状态。

国家安全能力建设的主体和核心是国家政府。[①] 主权国家的国家利益的唯一代表是其合法政府，因此，国家政府承担着保障国家利益安全的使命，是国家安全能力建设的主要责任者。国家安全能力建设需注重同时增强国家安全潜能与国家安全效能，单独提升国家安全潜能会造成国家安全资源的闲置和浪费，单独提升国家安全效能会因缺乏必要的基础导致难以达到预期效果。综合来看，国家安全能力建设的目标在于挖掘、激活国家安全潜能，并将国家安全潜能最大限度地转化为国家安全效能。

国家安全能力与国家安全体系。在国家安全工作这一复杂系统工程中，国家安全能力与国家安全体系密切相关。两者是一个有机整体，国家安全体系是国家安全能力的载体，国家安全能力是国家安全体系效能的运用。[②] 一套完备且良好的国家安全体系是提升国家安全能力的基础支撑和关键所在，决定着国家安全能力的限度。具体来说，国家安全体系规定了各国家安全行为主体的地位、角色、职责、功能等及其相互关系，进而决定了各国家安全行为主体的国家安全工作活动方式和能力限度。同时，国家安全能力取决于国家安全体系的设计与建设，即国家安全工作分工、协调与控制机制等的设计和安排状况。值得注意的是，国家安全能力并非被动地受制于国家安全体系，而是具有能动性，可以反作用于国家安全体系，并推动国家安全

---

① 参见王桂芳、陈广灿：《国家安全战略学》，军事科学出版社 2018 年版，第 12—13 页。
② 参见王秉：《国家安全学核心概念体系》，《情报杂志》2023 年第 8 期。

体系改良与完善。

推进国家安全体系和能力现代化，实际上就是实现成熟的国家安全体系与先进的国家安全能力均衡适配，促进国家安全体系发展优化与国家安全能力增强提升同频共振，最终将国家安全体系优势转化为治理效能。在国家安全体系的变革发展中，国家安全能力并非总是与国家安全体系相匹配，两者之间是一个不断动态匹配和平衡的过程。因此，推进国家安全体系和能力现代化的关键之一是最大化发挥国家安全体系在维护和塑造国家安全中的效能，增强国家安全能力，实现国家安全体系与国家安全能力相统一。

根据国家安全、国家安全能力与国家安全体系的含义以及三者之间的关系，① 可构建国家安全陀螺模型（见图 2）。国家安全陀螺模型

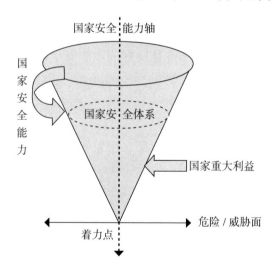

资料来源：作者自制。

图 2　国家安全陀螺模型

---

①　参见王秉：《国家安全学核心概念体系》，《情报杂志》2023 年第 8 期。

由国家重大利益、危险／威胁面、国家安全体系与国家安全能力4个基本要素构成，4个基本要素相互作用和联系，共同推动着国家安全发展。在物理学中，陀螺是典型的用来描述物体动态平衡的模型，具有定轴性、进动性和陀螺效应等物理特性。类比陀螺的物理性质，可以用陀螺模型来形象表达国家重大利益、危险／威胁面、国家安全体系与国家安全能力之间的关系。一个处于安全状态的国家就像一只高速旋转的陀螺（陀螺本身代表国家重大利益），如果国家的重大利益相对处于没有危险和不受威胁的状态（即国家重大利益不会与危险／威胁面有面的接触），那么这一国家就在动态发展中保持了一定的平衡性，说明其具有良好的维护和塑造国家安全的能力。

在瞬息万变的环境中，一个国家的重大利益一定会面临某些危险或威胁。国家安全能力的着力点是国家重大利益与危险／威胁面的接触点，它支撑着陀螺在安全状态下高速运转，确保国家重大利益相对处于没有危险和不受威胁的状态。陀螺（国家重大利益）亦在持续地受到与自身旋转方向不一致的阻力（危险／威胁面）干扰，旋转速度可能会下降，需通过加大鞭打陀螺的力度（增强国家安全能力）来克服阻力的不利影响。国家安全体系作为陀螺的横截面，也会直接影响其运转，如未对国家安全体系进行及时的、面向未来的、有效科学的调整与变革，则会影响国家重大利益。国家安全陀螺模型的核心思想是以国家安全体系和能力的不断发展和动态平衡匹配来预防和应对危险或威胁，进而实现国家安全。因此，国家安全工作的主要任务就是对危险／威胁面作出及时、正确研判，对国家安全体系和国家安全能力不断进行剖析、调整与变革，推动国家安全体系和国家安全能力两者的动态匹配和相互平衡，并依靠它们避免或降低危险和威胁，保障陀螺（国家重大利益）始终处于高速运转状态（安全状态）。

国家安全能力的特征及生成要素

国家安全能力的特征及生成要素

国家安全能力具有 11 种主要特征。具体表现为基础性、威慑性、①广泛性、层次性、总体性、统筹性、汲取性、动态性、可塑性、时效性与可评估性（见表 1）。在此基础上，根据特征之间的关系，可构建国家安全能力特征的三角形模型（见图 3）。

表 1 国家安全能力的特征

序号	特点	具体解释
1	基础性	国家安全是国家生存发展和民族复兴的根基。国家安全能力作为保障国家处于持续安全状态的关键，是最基础的国家能力要素。可见，国家安全能力既是国家能力的重要组成部分，更是国家能力的根基所在，是实现其他国家能力的基础
2	威慑性	国家安全能力是保障国家安全的实力体现，一旦形成，不论主观意图如何，都会对有威胁的其他国家或非国家行为体自然产生威慑效应。可见，威慑作用是国家安全能力的重要功能之一
3	广泛性	国家安全能力是复杂巨系统，涵盖的要素纷繁复杂。根据总体国家安全观，国家安全能力涵盖领域十分广泛，涉及多领域安全能力。同时，国家安全能力涉及维护国家安全所需的物质、技术、装备、人才、法律、机制等保障方面的能力，是特定国家对诸多国家安全工具手段的组合性运用

① 参见王桂芳、陈广灿：《国家安全战略学》，军事科学出版社 2018 年版，第 12—13 页。

序号	特点	具体解释
4	层次性	国家安全能力的层次性表现在多方面。第一，从国家安全能力的内隐与外显性质来看，国家安全能力包括国家安全潜能与国家安全效能。第二，从国家安全能力主体的层级来看，国家安全能力可分为基层、省市和国家三个不同层面，或可分为个体和组织层面。第三，从国家安全能力目标的层次来看，国家安全能力目标包括自卫目标（其范围限定在国家领土、领海范围内，着眼于维护国家主权和领土完整等）、区域目标（其范围限定在国土之外有限的周边区域内，着眼于增大国家安全纵深与弹性，为本国安全和发展创造更为安全的周边环境）与全球目标（其范围遍及全球，着眼于保护本国在世界各地的利益和参与全球安全治理）三个不同层次的国家安全能力；第四，从国家安全工作层次来看，国家安全能力可分为战略层、战术层与保障层三个不同层次
5	总体性	由于国家安全能力具有广泛性和层次性，故国家安全能力是由多层次的国家安全能力彼此联结和综合集成而形成的整体。因此，国家安全能力具有总体性。首先，根据总体国家安全观，需建设集多领域安全能力于一体的总体性国家安全能力。其次，党的二十大报告提出，必须坚定不移贯彻总体国家安全观，把维护国家安全贯穿党和国家工作各方面全过程。可见，需建设贯穿党和国家工作各方面全过程的国家安全能力
6	统筹性	一方面，从国家安全能力内部要素看，根据国家安全能力的总体性要求，在多因素的共同驱动下，国家安全能力建设的关键之一是形成统筹各方面国家安全能力要素的能力。另一方面，从国家安全能力的外部因素看，安全是发展的前提，发展是安全的保障，统筹发展和安全的能力是核心的国家安全能力。党的二十大报告提出，要提高各级领导干部统筹发展和安全的能力
7	汲取性	根据国家安全能力的广泛性和总体性，国家安全能力与各方面的国家能力均相关，是国家能力的综合反映。因此，国家安全能力的形成实则来自对其他国家能力的汲取和转化，国家安全能力建设需注重汲取、融合和转化国家各方面的资源来维护和塑造国家安全。例如，国家科技能力和军事能力均是国家安全能力的关键支撑
8	动态性	一方面，国家安全能力是随着国家安全形势和问题的变化而变化的，每个历史阶段国家安全关注的焦点不同，国家安全能力必然随之变化。另一方面，国家安全能力的衡量标准也并非一成不变，会随着时代的变迁而发生改变
9	可塑性	由于国家安全能力具有动态性，因此，随着时代的发展、社会的进步以及局势的变化，需不断调整、进化和升级，这就说明国家安全能力具有可塑性，即国家安全能力可持续提升，以期弹性应对动态国家安全风险。可见，国家安全能力必须与时俱进，持续关注并把握国家安全的新趋势和新变化，在塑造国家安全能力的过程中不断提升国家安全水平，以期更有效地支持、维护和塑造国家安全

续表

序号	特点	具体解释
10	时效性	国家安全能力始终处于动态过程之中，因此，时效性是国家安全能力的主要特征之一。若国家安全能力未能在有效的时间内满足其需要解决的国家安全问题的要求，就会引发迟滞效应，从而导致国家安全能力失去意义，也就不能实现国家安全目标
11	可评估性	国家安全能力的强弱是可以被评估的，可评估性是国家安全能力的基本属性。国家安全能力评估包括定性与定量评估两种，国家安全能力评估的指标体系和方法不能脱离具体实践

资料来源：作者自制。

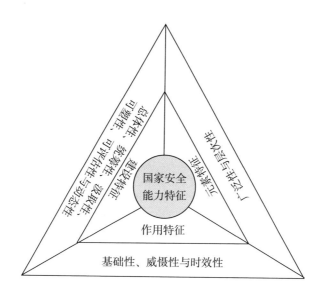

资料来源：作者自制。

图3 国家安全能力特征的三角形模型

国家安全能力的 11 种主要特征可划分为作用特征、元素特征与建设特征三个不同层面。元素特征是国家安全能力重要内容（包括形式）的显著特点，是国家安全能力特征的直接体现；建设特征即国家安全能力的建设机制特点，是建设国家安全能力需遵循的要求，是保证国家安全能力特征有效释放与彰显的关键；作用特征是国家安全能力作用机制的特征，是国家安全能力综合作用结果的特征表现。各层面的国家安全能力特征互相关联、相互影响，共同构成丰富而独具特色的国家安全能力特征。

国家安全能力的 4 个生成要素。国家安全资源、转化介质、国家安全体系与国家安全机构是国家安全能力的生成要素[①]（见表 2），这 4 个要素彼此紧密联系、密切互动，共同影响和决定国家安全能力的生成和发展，只有各要素之间保持有秩序的密切联系，才能不断支撑和推动国家安全资源向国家安全能力有效转化。

表 2　国家安全能力的生成要素

序号	要素名称	具体解释
1	国家安全资源	指国家安全主体为实现国家安全目标所可以利用的资源的统称。国家安全资源源自国家的综合国力，既包括硬资源，又包括软资源。由于国家安全涉及国家的各领域和各方面，故国家安全资源的来源具有广泛性，主要包括物质资源、地理资源、人口资源、经济资源、政治资源、军事资源、文化资源、科技资源、国际资源与时间资源，等等
2	转化介质	指国家安全资源向国家安全能力转换所需的媒介，通常指为国家安全资源转化为国家安全能力而设置的一系列组织实体、制度和机制的统称。依据信息论、控制论和系统论的相关理论与原理，应重点关注预警、控制、协同、整合与动员等方面的转化介质建设
3	国家安全体系	指国家安全主体为实现国家安全目标所设立的支撑防范化解国家安全问题工作的组织实体和制度的总和
4	国家安全机构	指维护国家安全和承担国家安全工作的相关机构。根据我国现行的《中华人民共和国国家安全法》，我国专门的国家安全机构包括中央国家安全领导机构、国家安全机关、公安机关、有关军事机关，等等。同时，国家安全机构还主要涉及应急管理机关、公共卫生机关与信息网络机关等

资料来源：作者自制。

[①]　参见王桂芳、陈广灿：《国家安全战略学》，军事科学出版社 2018 年版，第 12—13 页。

国家安全能力的生成要素之间关系紧密（见图4）。国家安全资源与国家安全能力之间并非"无缝连接"，两者之间存在转化介质这一"中间枢纽"，若转化有效，便可实现国家安全能力的有效提升；若转化不足，可能会降低国家安全能力水平；若过度转化，则会造成资源浪费和"泛安全化"问题。因此，若无转化介质存在，国家安全资源与国家安全能力就不能发生有机联系和成功转化。然而，国家安全能力的强弱并非只取决于国家安全资源的多寡。根据转化介质和国家安全体系的含义可知（见表2），转化介质实则源于国家安全体系，国家安全体系是转化机制的基础支撑。国家安全机构则是国家安全体系的主要构成要素，是转化工作的主体（即主要承担者），是国家安全资源实现向国家安全能力转化的推动者。

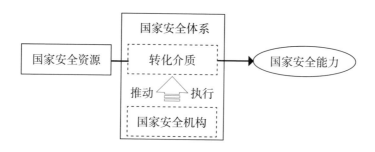

资料来源：作者自制。

图4　国家安全能力的生成要素之间的关系

国家安全能力的建设维度

第一，国家安全战略能力。国家安全战略是指筹划和指导国家安

全全局的方略,① 主要包括宏观层面的重大国家安全纲
领、方针、原则和政策,是国家安全工作保持总体性、
相对性和稳定性的基本依据和行动纲领,对国家安全
工作起基础性和决定性作用。为保证国家安全战略的
科学制定和有效实施,以及国家安全战略目标的实现,

国家安全能力
的建设维度

增强国家安全战略能力是关键基础和保障所在。国家安全战略能力主
要是指谋划、制定和实施国家安全战略的能力。② 类似于国家安全战
略在整个国家安全体系中的重要性,国家安全战略能力也是国家安全
能力的重中之重。我国现行的《中华人民共和国国家安全法》第五条
明确规定,中央国家安全领导机构负责国家安全工作的决策和议事协
调,研究制定、指导实施国家安全战略和有关重大方针政策,统筹协
调国家安全重大事项和重要工作,推动国家安全法治建设。可见,我
国的中央国家安全领导机构主要负责指导国家安全战略能力建设。国
家安全战略能力建设强调保持国家安全战略定力、国家安全战略自信
和国家安全战略耐心,要把维护和塑造国家安全的战略主动权牢牢掌
握在自己手中。

　　第二,国家安全领导能力。国家安全领导能力的简称是国家安全
领导力。所谓国家安全领导力,是指某一国家组织或个人指引和影响
其他组织及人员,在完成国家安全工作任务时,实现国家安全目标的

---

① 参见王桂芳、陈广灿:《国家安全战略学》,军事科学出版社 2018 年版,第 12—
　　13 页。
② 参见苏彧、魏松:《一体化背景下的国家安全战略能力探讨》,《国际安全研究》2019
　　年第 5 期。

活动过程。① 对相关组织及人员实施影响、致力于实现国家安全领导过程的国家组织或个人，即为国家安全领导者。一般而言，国家安全领导者专指国家安全领导机构。习近平总书记强调："国家安全工作是党治国理政一项十分重要的工作，也是保障国泰民安一项十分重要的工作。"② 国家安全领导能力是指国家安全领导机构在领导国家安全工作中，引领和指导参与国家安全工作活动的组织及人员自觉为实现国家安全目标付出行动努力所展现出来的领导能力和领导活动成效的总和。国家安全领导能力是决定一国国家安全战略、路线、方针、政策、原则、纲领等的关键因素，在整个国家安全能力体系中居于核心和决定性地位。根据国家安全工作实际和特点，国家安全领导能力主要体现在国家安全动员能力、国家安全工作变革力、国家安全聚合力及国家安全贯穿力等方面。

第三，国家安全统筹协调能力。维护和塑造国家安全是一项复杂巨系统工程。③ 复杂巨系统工程的实践方法论是统筹协调，统筹协调是具有基础性的国家安全思想和工作方法。国家安全统筹协调能力是国家安全及国家安全工作的本质特征对国家安全能力建设提出的要求，在分析和解决复杂的国家安全问题上，最考验的是国家安全主体的国家安全统筹协调能力。④ 具体来看，国家安全统筹协调能力是指

① 参见李文良：《国家安全学基础理论框架构建研究》，《国际安全研究》2022 年第 5 期。
② 《习近平在中央政治局第二十六次集体学习时强调　坚持系统思维构建大安全格局　为建设社会主义现代化国家提供坚强保障》，《人民日报》2020 年 12 月 13 日。
③ 参见王秉、史志勇、王渊洁：《复杂性时代的国家安全学新范式：构建国家安全复杂学》，《国际安全研究》2023 年第 4 期。
④ 参见王秉、史志勇、王渊洁：《复杂性时代的国家安全学新范式：构建国家安全复杂学》，《国际安全研究》2023 年第 4 期。

国家安全主体统筹兼顾和协调推进各领域、各方面、各环节、各层次国家安全工作，从而保证国家安全工作中的多重关系和目标保持动态平衡的能力，强调推进国家安全工作系统性、整体性与协同性的能力，旨在汇聚维护国家安全的强大合力。国家安全统筹协调能力主要体现为国家安全统筹兼顾与协调推进两大方面的能力。国家安全统筹兼顾能力强调在国家安全工作中纵览全局、系统谋划与整体部署的能力，是国家安全协调推进能力的基础；国家安全协调推进能力则强调在国家安全工作中综合平衡、有机整合、衔接沟通、协同高效和突出重点的能力，是国家安全统筹兼顾能力的具体实施。

国家安全统筹协调内容主要包括以下七大方面，即统筹协调推进各领域国家安全、统筹协调发展和安全、统筹协调开放和安全、统筹协调传统安全和非传统安全、统筹协调自身安全和共同安全、统筹协调维护国家安全和塑造国家安全、统筹协调把维护国家安全贯穿党和国家工作各方面全过程。① 国家安全统筹协调能力建设应重视以下四大方面。一是统筹协调中华民族伟大复兴战略全局和世界百年未有之大变局的能力。二是统筹协调来自外部的蓄意威胁（如政治安全与军事安全等国家安全问题）和来自内部的无意威胁（如事故灾难与自然灾害等）的能力。三是统筹协调国家安全事件发生前的常态安全和国家安全事件发生后的非常态安全（即应急）的能力。② 四是统筹国家

---

① 参见王秉：《中国国家安全体系现代化的历程、内涵与路径》，《湖南师范大学社会科学学报》2022年第6期。

② 参见王秉：《普通安全学：面向大安全寻找普适性安全规律》，《广州大学学报（社会科学版）》2023年第4期。

安全体系和国家安全能力建设的能力。

第四，国家安全风险防范化解能力。从风险角度来看，防范化解国家安全风险是维护国家安全的重要任务，国家安全风险防范化解能力是核心的国家安全能力。① 党的二十大报告提出，"提高防范化解重大风险能力，严密防范系统性安全风险"②。对于国家安全风险防范化解能力，一般有两个层面的理解和认识。从国家安全风险本身角度来看，根据风险管理的一般流程（即风险管理的连续统一体），国家安全风险防范化解能力是指国家安全主体在国家安全风险的识别、研判评估、控制、监测预警与沟通咨询的连续统一体中采取行动的能力。从国家安全风险有可能引发的国家安全事件角度来看，国家安全风险防范化解能力是指国家安全主体在国家安全事件发生前预防、准备，在国家安全事件暴发期响应，在国家安全事件结束期恢复和学习的连续统一体中采取行动的能力③（见表3）。这两种对国家安全风险防范化解能力的理解和认识在本质上是一致的，前者的关注对象是国家安全风险本身，后者的关注对象是国家安全风险有可能引发的国家安全事件，两者互为补充和支撑，共同构成完整的国家安全风险防范化解能力建设思路和框架。

---

① 参见王秉：《国家安全学核心概念体系》，《情报杂志》2023 年第 8 期。

② 习近平：《高举中国特色社会主义伟大旗帜　为全面建设社会主义现代化国家而团结奋斗——在中国共产党第二十次全国代表大会上的报告》，人民出版社 2022 年版，第 53 页。

③ 参见 Australian Government Attorney–General's Department, "Guide to Australia's National Security Capability", DPMC, 2013, https://www.nationalsecurity.gov.au/Media-and-publications/Publications/Documents/GuideToAustraliasNationalSecurityCapability.pdf.

表 3　国家安全风险防范化解能力构成：可能引发的国家安全事件角度

序号	能力名称	具体解释
1	预防能力	国家安全主体消除或降低国家安全风险引发国家安全事件（包括与国家安全主体实现其国家安全目标背道而驰的紧急情况、活动、事件或行为）的发生概率或严重程度的能力
2	准备能力	国家安全主体确保在发生国家安全事件时国家安全主体能够应对影响的能力，以及通过规划、资源配置、测试和建立韧性准备来应对国家安全风险的能力
3	应对能力	国家安全主体在国家安全事件发生之中或之后立即采取行动，以确保其影响最小化，并立即向受影响的相关方提供救济和支持（包括防止和最大限度减少生命损失伤害、财产损失和基础设施破坏等，促进对国家安全事件、威胁或行为等的调查）的能力
4	恢复能力	国家安全主体支持受国家安全事件影响的相关方的物质基础设施重建及情感、社会、经济和身体健康的恢复的能力
5	学习能力	国家安全主体从国家安全事件中汲取经验教训以完善国家安全事件防控和应对的理念、体系和能力的能力

资料来源：作者自制。

当前，世界正经历百年未有之大变局，国家安全面临的风险不确定性急剧上升。在此背景下，加强国家安全韧性能力值得关注。"韧性是一个系统在产生变化和干扰之前、期间或之后用来调整其功能的内在能力，以期使它可以在预期和非预期的条件下维持正常运行"，[1]安全不再仅是"免于不可接受的风险"，而是"在不同条件下成功的能力"[2]。因此，从韧性视角来看，国家安全能力是国家所具备的保障持续安全状态的能力，它主要表现在响应能力（知道该做什么）、监

---

[1]　E. Hollnagel and C. P. Nemeth et al., "*Resilience Engineering Perspectives, Vol. 1: Remaining Sensitive to the Possibility of Failure*", CRC Press, 2008.

[2]　E. Hollnagel and J. Paries et al., *Resilience Engineering in Practice: A Guidebook*, Ashgate: Ashgate Publishing Ltd, 2011, pp.275-296.

控能力（知道要找什么）、预见能力（知道该期待什么）与学习能力（知道发生了什么）。① 在国家安全语境中，国家安全韧性能力是指国家安全主体应对国家安全风险的防御水平以及国家安全事件发生后快速恢复的能力，整合了立足国家安全风险本身的国家安全风险防范化解能力和国家安全风险有可能引发的国家安全事件角度的国家安全风险防范化解能力。

第五，国家安全情报信息能力。国家安全情报信息是国家安全工作的基础和命脉，贯穿国家安全工作的始终。情报与信息是两个相互紧密关联又彼此区分的概念：情报是经过加工的信息，是对决策有用的信息；② 信息是生产情报的原料和基础，信息分析是生产情报的途径。③ 为提升国家安全情报信息工作水平，增强国家安全情报信息能力是关键所在。国家安全情报信息能力是指国家安全主体在全面监测和分析国家安全威胁、国家安全风险及国家安全环境的基础之上，对国家安全情况的及时感知、准确告知和实时掌控，从而协助国家安全主体有效制定国家安全策略的能力。根据一般情报信息工作循环，④国家安全情报信息能力主要是指国家安全情报信息搜集获取能力（包

---

① E. Hollnagel and C. P. Nemeth et al., *"Resilience Engineering Perspectives, Vol. 1: Remaining Sensitive to the Possibility of Failure"*, CRC Press, 2008; E. Hollnagel and J. Paries et al., *Resilience Engineering in Practice: A Guidebook*, Ashgate: Ashgate Publishing Ltd, 2011, pp. 275–296.

② 参见王秉、吴超：《安全情报概念的由来、演进趋势及涵义——来自安全科学学理角度的思辨》，《图书情报工作》2019 年第 3 期。

③ 参见王秉、吴超：《安全情报概念的由来、演进趋势及涵义——来自安全科学学理角度的思辨》，《图书情报工作》2019 年第 3 期。

④ 参见李国秋、吕斌：《论情报循环》，《图书馆杂志》2012 年第 1 期。

括国家安全情报信息报送能力)、国家安全情报信息整合能力、国家安全情报信息研判分析（包括鉴别、筛选、判断与分析）能力、国家安全情报信息使用能力及国家安全情报信息共享能力。国家安全情报信息能力的形成和提升有赖于完善的国家安全情报信息系统、健全的国家安全情报信息体系、现代科学技术（特别是大数据、云计算、人工智能与物联网等数智技术）手段在国家安全情报信息工作中的充分运用，国家安全工作人员的情报信息素养提升，以及高素质的国家安全情报信息专业队伍建设。①

第六，国家安全理论创新能力。国家安全理论是国家安全基本思想、规律、原理和方法等的理论概括，是维护和塑造国家安全的思想方法、科学遵循和行动指南，是国家安全学学科建设发展、研究实践工作、人才培养及国家安全体系和能力建设的理论根基所在。国家安全理论创新是推动国家安全工作始终保持先进性与创造力的前提和灵魂，如何在国家安全思想理论上与时俱进，以国家安全理论创新引导推进国家安全体系和能力现代化，是实现国家安全的基础重点任务之一。国家安全理论创新能力主要是指国家安全主体创新国家安全理念，探寻国家安全新发现，挖掘国家安全新规律，创建国家安全新学说，提出维护和塑造国家安全的新方式方法，指导国家安全新实践与积累国家安全新知识的能力。

当前，世界正经历百年未有之大变局，影响国家安全的不确定性因素急剧增多，国家安全主体既要有充分的国家安全理论准备，亦要

---

① 参见王桂芳、陈广灿：《国家安全战略学》，军事科学出版社 2018 年版，第 12—13 页。

随着时代变化保持高水平的国家安全理论创新能力。增强国家安全理论创新能力需从提升国家安全认知能力、加强重大国家安全理论创新与促进国家安全理论的国际传播三大方面着手。

国家安全认知能力是指国家安全主体对国家安全问题及其现象的构成、特征与其他问题及其现象的关系、国家安全工作发展的动力、国家安全态势发展方向以及国家安全基本规律的把握能力。提升国家安全认知能力是国家安全理论创新能力提升的基础。加强重大国家安全理论创新，不仅有助于引导和推进国家安全体系和能力现代化，还有助于更好诠释中国的国家安全行为和安全理念，增强中国参与全球安全治理的能力和中国在国际上的国家安全话语权。为避免世界其他国家对中国国家安全行为存在误解与曲解，中国国家安全理论创新需兼顾中国特色与世界视野，寻求最大的国际共识，既需加强学术界和政策界的紧密互动，亦需增进国内外的交流互鉴。同时，要特别注重促进国家安全理论的国际传播。要推动共同、综合、合作、可持续的安全观和人类安全共同体理念等先进的国家安全理念为更多国家知晓与理解，扩大中国国家安全理论的世界影响，为我国国家安全和改革发展营造有利的外部舆论环境，为推动构建人类安全共同体和全球安全治理作出积极贡献。

第七，国家安全保障能力。维护和塑造国家安全、保证国家安全工作的正常有序开展，离不开物质、技术、装备、人才、法律、机制等各方面的保障与支撑，国家安全保障能力是国家安全能力的核心保障和支撑要素。国家安全保障能力强调支撑和保障国家安全工作开展的能力，是指一系列国家安全保障措施及其效能。根据国家安全工作实际需要，可将国家安全保障能力概括为国家安全物质保障能力、国家安全技术装备保障能力、国家安全法治保障能力、国家安全人才保障能力与国家安全经济投入保障能力五大方面。其中，国家安全物质保障能力主要指国家安全主体在平时有计划建立的关系国家安全的重要物质资料（简称为"国家安全战略物资"）的储存或积蓄，目的在于助推国家在不安全状态下保障国家安全需求和国民经济平稳运行。国家安全技术装备是指用于保障国家安全工作特殊活动和日常活动的技术装备的总称（如国家安全情报信息技术装备、国家安全侦查技术装备与军事技术装备等），国家安全技术装备保障能力是指一个国家的科技系统在推动国家安全领域的科技创新进步和技术装备研发升级过程中所具有的各种能力。国家安全法治保障能力是指国家安全主体以法治思维为基础，运用法治方式认识、处理和决策相关国家安全工作事务的能力，国家安全法治保障能力建设强调要把法治意识、法治理念、法治思维、法治手段与法治文化等要素借助国家安全法律法规、制度机制生成与实施，贯穿国家安全工作的各领域、各方面和各环节，以国家安全法律体系为依据，以国家安全法治体系为保障，以国家安全法治化为目标，实现国家安全工作的制度化、规范化与法律化。国家安全人才保障能力主要指一个国家所拥有的国家安全人才的数量和质量，包括正在培养中的国家安全人才和已正式参与国家安全工作的国家安全干部队伍，国家安全人才保障能力建设主要体现在国家安全专业人才培养和国家安全干部队伍建设两大方面。国家安全经济投入保障能力主要指国家财政可支持国家安全的投入力度及其投入的使用效益。

　　第八，全民国家安全素养。维护国家安全需要全民共同参与，公民推动维护国家安全需具备一定的国家安全素养。党的二十大报告提出，"增强全民国家安全意识和素养，筑牢国家安全人民防线"[1]。可见，全民国家安全素养是国家安全能力的重要体现。根据安全素养的一般含义，全民国家安全素养一般是指一国公民所具有的降低国家安全风险和维护国家安全的能力。[2] 从国家安全素养形成和效用发挥过程的角度来看，全民国家安全素养是指一国公民在具备适宜的国家安全知识储备基础之上，通过国家安全信息主动寻求和学习国家安全知识和技能，并能够正确利用安全知识、技能和信息来维护国家安全的能力。全民国家安全素养的具体构成要素应包括国家安全意识理念（强调"从思想意识上重视维护国家安全和树立正确科学的国家安全观念"）、国家安全知识（强调"理解国家安全内涵及如何维护国家安全"）、国家安全技能（强调"会维护国家安全"）与国家安全行为（强调"运用实际行动维护国家安全"）四个不同层面的要素，提升全民国家安全素养应从上述四方面入手。[3] 在当今信息时代，面对国家安全事件频发和各类国家安全信息的涌现，如何保证公众有效处置各种国家安全相关信息，关键在于提升公众的国家安全信息素养。所谓全民国家安全信息素养，是指一国公民获取、理解、分析、甄别和利用

---

[1]　习近平：《高举中国特色社会主义伟大旗帜　为全面建设社会主义现代化国家而团结奋斗——在中国共产党第二十次全国代表大会上的报告》，人民出版社2022年版，第53—54页。

[2]　参见王秉、吴超：《安全信息素养：图情与安全科学交叉领域的一个重要概念》，《情报理论与实践》2018年第7期。

[3]　参见王秉、吴超：《安全信息素养：图情与安全科学交叉领域的一个重要概念》，《情报理论与实践》2018年第7期。

相关国家安全信息的能力。① 目前，全民国家安全信息素养已成为全民国家安全素养提升的关键，应注重全民国家安全信息素养教育，并将其纳入全民信息素养教育。

参考文献

习近平：《高举中国特色社会主义伟大旗帜　为全面建设社会主义现代化国家而团结奋斗——在中国共产党第二十次全国代表大会上的报告》，人民出版社 2022 年版。

王桂芳、陈广灿：《国家安全战略学》，军事科学出版社 2018 年版。

余潇枫：《中国非传统安全能力建设理论范式与思路》，中国社会科学出版社 2013 年版。

王绍光、胡鞍钢：《中国国家能力报告》，辽宁人民出版社 1993 年版。

［美］弗朗西斯·福山：《政治秩序的起源从前人类时代到法国革命》，毛俊杰译，广西师范大学出版社 2012 年版。

［美］乔尔·S. 米格代尔：《强社会与弱国家：第三世界的国家与社会关系及国家能力》，张长东等译，江苏人民出版社 2012 年版。

［美］彼得·埃文斯、［美］迪特里希·鲁施迈耶、［美］西达·斯考切波：《找回国家》，方力维等译，生活·读书·新知三联书店 2009 年版。

《习近平在中央政治局第二十六次集体学习时强调　坚持系统思维构建大安全格局　为建设社会主义现代化国家提供坚强保障》，《人民日报》2020 年 12 月 13 日。

周建明：《从"基于威胁"到"基于能力"——把握美国安全战略转变脉络的一个视角》，《世界经济研究》2003 年第 9 期。

谢贵平、朱家福：《中国边疆非传统安全治理体系与能力现代化的理论建构——基于广义边疆观与总体国家安全观视角》，《思想战线》2021 年第 2 期。

黄海瑛、文禹衡：《数据主权安全能力的成熟度模型构建研究》，《图书与情报》2021 年第 4 期。

苏彧、魏松：《一体化背景下的国家安全战略能力探讨》，《国际安全研究》2019

---

① 参见王秉、吴超：《安全信息素养：图情与安全科学交叉领域的一个重要概念》，《情报理论与实践》2018 年第 7 期。

年第 5 期。

张羽、郑宁、曲豪彦：《从法理和动员学角度探析国家安全动员能力》，《国防》2016 年第 7 期。

李文良：《国家安全学基础理论框架构建研究》，《国际安全研究》2022 年第 5 期。

彭勃、杜力：《国家安全的总体性能力：现实逻辑与分析框架》，《行政论坛》2023 年第 3 期。

林鸿潮、刘辉：《国家安全体系和能力现代化的三重逻辑》，《新疆师范大学学报（哲学社会科学版）》2023 年第 2 期。

王秉：《数智赋能推进国家安全体系和能力现代化：一个研究框架》，《情报理论与实践》2022 年第 12 期。

王秉：《国家安全学核心概念体系》，《情报杂志》2023 年第 8 期。

肖传龙、张郑武文：《国家能力的缘起、概念及影响因素探究》，《大庆社会科学》2022 年第 2 期。

潘凤、闫振坤：《建党百年中国国家能力的演进历程与理论逻辑》，《学术探索》2022 年第 3 期。

王秉、史志勇、王渊洁：《复杂性时代的国家安全学新范式：构建国家安全复杂学》，《国际安全研究》2023 年第 4 期。

王秉：《中国国家安全体系现代化的历程、内涵与路径》，《湖南师范大学社会科学学报》2022 年第 6 期。

王秉：《普通安全学：面向大安全寻找普适性安全规律》，《广州大学学报（社会科学版）》2023 年第 4 期。

王秉、吴超：《安全情报概念的由来、演进趋势及涵义——来自安全科学学理角度的思辨》，《图书情报工作》2019 年第 3 期。

李国秋、吕斌：《论情报循环》，《图书馆杂志》2012 年第 1 期。

王秉、吴超：《安全信息素养：图情与安全科学交叉领域的一个重要概念》，《情报理论与实践》2018 年第 7 期。

Australian Government Attorney–General's Department,"Guide to Australia's National Security Capability", DPMC, 2013, https://www.nationalsecurity.gov.au/Media-and-publications/Publications/Documents/GuideToAustraliasNationalSecurityCapability.pdf.

E. Hollnagel and C. P. Nemeth et al., *Resilience Engineering Perspectives, Vol. 1: Remaining Sensitive to the Possibility of Failure* ,CRC Press, 2008.

E. Hollnagel and J. Paries et al., *Resilience Engineering in Practice: A Guidebook*, Ashgate: Ashgate Publishing Ltd, 2011.

第七讲　中国外部安全环境中的核心问题、风险与应对

张家栋[*]

中国的外部安全环境，在不同时期有不同的主题与特征。从鸦片战争到第二次世界大战，中国外部安全环境的核心问题是国家的自然权利得不到保障，面临严重的主权安全威胁。这一时期，中国的主要使命是反抗外来侵略，维护国家主权和领土完整。第二次世界大战结束到 20 世纪末，中国外部安全环境的主要问题是如何应对外部势力对中国内政的干涉，以及如何保障中国的政治安全。21 世纪以来，中国外部安全环境的主要问题是如何保护自己的衍生性权利，即如何合理应对国际环境变化对中国经济发展权益的影响，保障本国的经济发展权和国际事务参与权等。美国对中国高科技领域的无理打压，就是要破坏中国的发展权益。总体来看，随着中国经济社会的快速发展和综合国力的不断增强，中国外部安全环境中存在的问题日益超越

---

[*]　张家栋，复旦大学美国研究中心教授、南亚研究中心主任。

时间和空间的限制、超越器物层面，向规则和观念等低级政治领域
拓展。

国家外部安全环境的主要内容

外部安全环境涉及一个国家的生存、发展和国际地位，可以分
为自然权利、衍生性权利和建构性权利三大类。这体现了国家安全
利益从器物层面向观念层面的拓展，也是国家发展和崛起的三个
阶段。

自然权利。自然权利主要指国家的主权独立和领土完整，是现
代主权国家所自然拥有的权利。自然权利所涉及的安全问题，也就
是国家生存问题，是狭义的国家安全问题，该权利受联合国体系保
护，也是现行国际秩序的基础。《联合国宪章》第二条"本组织及其
会员国应遵行下列原则"中，第一款主权平等原则，第三款和平解
决争端原则，第四款禁止使用威胁或武力原则，都是围绕着国家的
自然权利展开的。[①] 在联合国成立之前，一些弱小国家的主权和利益
难以得到保障，常有国家因战败被吞并。1975 年，锡金被印度吞并。
锡金是自联合国成立以来，唯一一个被他国强制吞并并得到联合国
认可的国家。但是，锡金一直没有加入联合国。其他的吞并行为，
如伊拉克吞并科威特等，要么失败，要么不被国际社会认可。可以

---

① 参见《联合国宪章》，见 https://www.un.org/zh/about-us/un-charter/chapter-1。

国家外部安全环境的主要内容

说，在联合国体系之下，国际安全环境空前稳定，联合国成员国虽然偶尔也会遭遇侵略，但其自然权利不会被随意剥夺。

衍生性权利。衍生性权利以自然权利为基础，主要涉及一个国家的发展权和国际事务参与权。发展权主要体现在经济和人文领域，指国家有权利和能力接触和获取各类发展资源和市场。国际事务参与权指国家参与国际事务的权利和能力，这是国家发展权的延伸，也可以反向促进国家的发展权益。发展权和国际事务参与权是自然权利的衍生，但其本身并不是国家的自然权利，不是国家必然拥有的，也不是联合国体系所必须保障的权利。一个国家是否拥有这一类权利，不仅要看其主权身份，还要看其与国际社会在理念、机制等方面的一致性程度。一些国家虽然拥有主权身份，但并不一定拥有这些衍生性权利。种族隔离时代的南非，虽然是一个主权国家，但是因其受到国际社会的广泛抵制和排斥，而丧失了部分衍生性权利。朝鲜、伊朗等国家，因为核不扩散问题而受到广泛制裁，无法正常地享有发展权和国际事务参与权。乌克兰危机爆发后的俄罗斯，受到联合国的抵制和西方国家的制裁，衍生性权利也无法得到保障。反之，一些非国家经济体，虽然不是主权国家，却可以自由地获得发展资源，广泛地参与国际事务。

建构性权利。建构性权利是一种特殊的权利，只有很少的国家有可能获得。该权利的享有受一个国家的国际影响力、国际贡献水平和国际信誉等因素的影响。一国只有在自然权利和衍生性权利问题解决以后才有可能获得建构性权利。建构性权利主要包括国际地位和国际形象两个方面。国际地位指国家对国际事务的影响力，对国际秩序和国际规则体系的塑造力。这是国际权力的最高形态，是一种可以直接修改国际规则的权力。国际形象指国家在国际社会中所享有的尊重和特权，是国际地位在具体事务中的最终体现。历史上，世界大国和霸权国家的政府、企业、公民和货币，总是在国际社会中享有更多的特权，承担更少的行为成本，有机会以更好的条件参与国际事务。国际地位往往体现在一国货币的国际通货属性、国民出入境的便利度以及企业融资的高效和低成本等方面。例如，由于美国较高的国际地位，美国政府和企业的融资成本处于全球最低水平，美元拥有国际本位货币地位。这些条件给了美国及其企业和国民以巨大的金融优势。

在绝大多数领域，中国的发展权都能得到保障。中国不仅可以获得绝大部分所需的能源、金属矿产和粮食，也可以自由地接触绝大部分世界市场。近年来，美国对中国高科技产业进行无理的打压、制裁，但中美两国间的大部分经贸活动仍然可以正常进行。中国也享有广泛的国际事务参与权。中国不仅是联合国、世界贸易组织、世界银行、国际货币基金组织、国际原子能机构等主要国际组织的重要参与者，也是区域全面经济伙伴关系协定（RCEP）、上海合作组织、金砖国家合作机制的倡议者和主要创建者。美西方国家虽然试图孤立中国，但是在这个多极化的世界里，各国纷纷采取多向结盟或多边平衡战略，而非简单地跟随美国排斥中国。此外，中国是世界众多国家的重要合作伙伴，在国际政治中发挥着重要作用，近年来国际地位和国际影响力显著提升。

中国外部安全环境中的主要问题

如上所述，当前，中国外部安全环境中存在的主要问题，已经不是自然权利面临的威胁，而是少量存在于衍生性权利领域，主要存在于建构性权利领域的问题。

衍生性权利领域的问题。中国在衍生性权利领域存在的问题，主要包括个别敏感产品的市场接触权，科技人文交流活动以及个别新国际机制的参与权问题。

一是少数敏感产品的市场接触权受到损害。从国际贸易的角度来看，我国在主要国际市场的接触权不存在根本性威胁。进入 2023 年，我国的进出口贸易额有所下降，但下降幅度与东亚国家基本一致。这主要是由于世界经济整体下行和价格因素变化而出现的一种正常情况。但是，我国部分高科技产品的市场接触权受到限制，尤其是数字产品进入一些西方国家市场的门槛明显提高。

二是人文交流活动受到限制。新冠疫情暴发以来，部分国家事实上限制了与中国的人文交流活动，导致我国与国际社会的人文交流未恢复到新冠疫情前的水平。并且，这种限制还有可能出现固化的趋势，有可能损害我国与国际社会的正常交往。这不仅是受外交和经济因素的影响，背后还可能涉及民众间的心理"脱钩"趋势等深层次问题，更加值得关注。

三是高科技资源的分享权受到限制。当前，美西

中国外部安全环境中的主要问题

方国家在涉及芯片制造、人工智能和生物科技等多个高科技领域，对中国采取了很多无理的限制措施。2022 年，美国先后通过《芯片与科学法案》《通胀削减法案》、商务部"107 新规"和行政令等，在高科技贸易和投资领域对我国进行无理打压。与此同时，美国还试图将自己的对华高科技制裁行为阵营化，推动日本、欧盟等国家和国际组织也通过相应的对华管制措施。这是目前我国外部安全环境中存在的最大威胁。

四是少数新国际机制的参与权受到威胁。中国在传统国际机制中拥有广泛的参与权，但是在一些新国际机制中有被孤立的风险，如全面与进步跨太平洋伙伴关系协定（CPTPP）等。在一些西方主导的国际机制中，我国有被排斥的可能。美西方近期构建的一些重要国际机制或非正式机制，如"印太经济框架"（IPEF）、"奥库斯"（AUKUS）等，往往是以中国为假想敌，或排斥中国的参与。

建构性权利领域的问题。如果说，衍生性权利领域的问题会使中国失去一些已经获得的权益，或应该获得的权益被剥夺等，那么建构性权利领域的问题则不同。建构性权利主要涉及一些中国作为一个世界大国和主要经济体，有可能获得但尚未获得的权益。严格来说，在建构性权利领域，我国面临的不是将要失去某种权益的威胁，而是如何获得某种权益的挑战。具体而言，中国在建构性权利领域，主要面临两大挑战。

第一，如何将国际地位转化为国际秩序塑造权的挑战。近年来，中国的国际地位显著提高，但尚未转化为国际秩序和规则的塑造权。中国创建的国际机制，如上海合作组织和金砖国家合作机制等，现在面临代表权与组织有效性的矛盾问题。为扩大这些国际机制的代表性和影响力，一方面，需要推动增加成员国数量。随着印度、巴基斯坦、伊朗和白俄罗斯的加入，上海合作组织的成员国从成立之初的 6 个增加到如今的 10 个。2024 年，金砖国家合作机制也首次扩员，增加埃及、埃塞俄比亚、伊朗、沙特阿拉伯和阿联酋 5 个新成员。上海合作组织和金砖国家合作机制扩员必将扩大这些国际机制的影响力和塑造力，但扩员也带来了新的问题。上海合作组织成员国增加后，中印边界问题和印巴冲突也被带入上合组织，使得上合组织内部意见分歧增加，联合声明难以达成，实质性合作的推进更加困难。金砖国家合作机制扩员成功后，成员国在政治、经济、外交等方面情况更加复杂，可能导致推进合作面临复杂性上升、凝聚力下降等组织难题。中国在其中的影响力也将面临新的挑战。中国的"声音"更大了，但转化为现实影响力和国际规则塑造能力的难度也上升了。

第二，如何将国际形象转化为国际认可度和接受度的挑战。近年来，中国的国际形象明显改善，但在国际社会上的被认可度、被接受度仍然有较大的提升空间。在金融领域，人民币已经成为全球第四大储备货币、第四大支付货币。但是，与美元和欧元等相比，人民币仍然处于相对弱势的地位。在文化领域，近年来，中文和中文媒体的国际地位虽然明显提高，但是与英语等主流国际语言及其媒体相比，仍有一定差距。中国公民的国际旅行便利度等指标，与我国的综合国力和国际贡献率也仍不相称。

简而言之，改革开放 40 余年来，我国已经历史性地基本消除了自然权利所面临的挑战，国家生存再无威胁。在衍生性权利领域，我国在发展方面已不存在根本性挑战，仅在个别高科技领域面临美西方的无理打压；我国参加国际机制的权利也可以得到基本保障，已参加了绝大部分传统的国际机制。但是，我国建构性权利的获取和维护虽然取得了明显进展，却仍有较大的提升空间。我国的国际被接受度、被认可度、人民币的国际影响力，仍然与我国的规模和国际贡献率不匹配。这些是目前我国外部安全环境中存在的主要威胁和挑战。

中国在应对外部安全问题时面临的几个陷阱

在过去200年中，中国与美国、俄罗斯、英国和法国一样，是世界上少有的没有被外敌成功征服过的大国。大国崛起的过程充满机遇和风险，对大国自身和国际社会而言都是相同的。从历史上看，有一些战略陷阱是大国在崛起过程中必然面对的，也是必须解决的。

国际秩序变革陷阱。金德尔伯格（Kindleberger）曾指出，国际体系中如果没有国家愿意且有能力承担领导责任，会导致国际社会陷入失序困境。在这个困境中，霸权国因新兴国的挑战而无力继续提供国际安全公共产品，国际社会陷入无政府状态。但是，在无政府状态中，挑战国的利益也无法得到有效保障，霸权国反而会因为国际责任的减少而增强了破坏力。

中国在应对外部安全问题时面临的几个陷阱

在这种情况下，挑战国对国际政治权力的需求，有可能会动摇现有体系，反而会进一步损害本国利益。中国的超大规模使得中国发展的国际影响也十分显著。2000 年，中国 GDP 仅占全球 GDP 总量的3.54%，2021 年上升到 18.45%，仅次于美国的 25%。①2002 年，金砖国家的 GDP 总和仅占全球总量的 8.4%，2021 年上升到 24%，20年时间提升了 15.6 个百分点。② 与此相比，七国集团（G7）的经济份额则不断下降。1995 年，G7 国家的 GDP 总和占全球 GDP 总量的65.29%。2021 年，该比例为 44.68%，下降了 20.61 个百分点。③ 这一变化让以 G7 国家为核心的自由主义国际经济秩序和全球化进程失去了核心支撑力。这给中国等新兴国家的发展带来了一定机遇。但是，这些变化所导致的国际经济失序和全球经济治理缺位也会给中国等发展中国家带来严峻的挑战。

帝国陷阱。美国历史学家保罗·肯尼迪（Paul Kennedy）在其著作《大国的兴衰》中，曾尝试从经济与战略相互影响的角度，对国际秩序变化作出解释。有意思的是，肯尼迪用自己的模型去预测苏联的未来时，却犯了错误。但后来的学者们认为，他的模型在解释苏联的失败方面，仍是有说服力的。根据帝国陷阱论，一个大国在崛起以后，有可能走向两个方向：一是过度扩张。这会让其自身的安全边界

---

① World Bank, https://databank.worldbank.org/reports.aspx?source=2&series=NY.GDP.MKTP.CD&country.

② World Bank, https://databank.worldbank.org/reports.aspx?source=2&series=NY.GDP.MKTP.CD&country.

③ World Bank, https://databank.worldbank.org/reports.aspx?source=2&series=NY.GDP.MKTP.CD&country.

不断拓展，在力量使用上会越来越傲慢和分散，最终会导致力量枯竭，帝国体系走向崩溃。二是自我包围。国家越强大，邻国越恐惧，敌人就越多。这有可能导致国家因恐惧和傲慢而自我包围、自我孤立。明朝曾确定了朝鲜、日本、越南等 15 个"不征之国"，以与朝贡体系和海禁政策相配合。这其实就是要明确明帝国的边界，防止国家因滥用力量而崩溃。

在大国崛起的过程中，随着国际影响力的不断上升，国际影响力对国家自身的反作用力也会不断上升。随着中国的迅速发展，中国与国际社会的互动模式逐渐发生变化，从"国际社会主导、中国被动反应"的不对称模式，逐渐向"双向互动"的对称模式转型。1979 年，中国的 GDP 不到美国的 7%，而如今中国 GDP 约占美国的三分之二。经济实力的变化也会自然传导为军事实力的变化，2000—2002 年，中国海军新下水舰艇总吨位不足 3 万吨，同期美国为 20 万吨。2022 年，中国超过美国成为该年度军舰下水吨位最多的国家。这使得中国对外部环境的影响越来越大，日益成为中国外部安全环境中的一个重要影响因素。从经济发展的角度来看，这意味着中国已无法继续复制过去的成功经历。同时，这也意味着中国所面临的反作用力越来越大。如何平衡中国综合国力的提升与反作用力之间的辩证关系，是我国面临的一个新挑战。如果平衡不好，中国就可能陷入安全困境之中，对外部威胁的重视反而会成为"自我实现的预言"。越为保护自身安全而奋斗，反作用力就越大，中国自身可能就会越不安全。

战略投机陷阱。在大国崛起的过程中，经济和军事实力的增长会刺激民粹主义和民族主义的增长，进而可能推动国家采取更加强硬、更具有侵略性的对外政策且无法回头。历史上，日本、德国等很多国家，都曾无法控制战略投机的冲动，给周边国家和人民带来无尽灾难和伤害，最终也自食其果。

所谓"大日本帝国"，其亡始于卢沟桥，终于珍珠港。卢沟桥的枪声，起因是日本对于中国觉醒、日本将失去侵华机会的恐惧；根源则是日本的战略目标与战略手段之间的严重不对称，无法按照自己的战略规划行事。日本试图以蛇吞象，但其精英知道这一目标是难以持续和实现的。1937年，日本的财政预算为34亿日元，其中直接军事费用占比达43%。1938年，日本军事预算增加到53亿日元，超过上年全年财政预算。① 作为侵略者的日本，财政状况居然比被侵略的中国还要堪忧。这让日本陷入内外两场战争之中。对外，日本要与中国进行军事战；对内，日本政府要与民众进行经济战，实施战时物资管制，把民众的食物收集起来送上战场。

但是，在军国主义、民粹主义思想的推动下，日本这辆战车无法在合适的地方停下来，国内政治也缺乏有效止损机制。为解决国内的经济困境和资源危机，日本只好不断扩大战争，试图"以战养战"，迫使中国投降。日本在侵略中国的同时，又先后与苏联、法国发生战争和冲突。穷途末路下，日本偷袭珍珠港，与美国开战，妄图做最后的挣扎，最终战略投机失败，付出惨重代价。

战略自主陷阱。战略自主是一个总体原则，不是指导实际问题的具体方法。追求战略自主有可能增加战略主动权和自由度，但也有可

---

① 参见庞宝庆：《论二战时期日本战时军费筹集机制》，《日本问题研究》2017年第2期。

能导致战略孤立，反而会损害自己的战略利益。美苏冷战期间，美国曾一度处于下风。1972 年，时任美国总统尼克松主动访问中国，试图借分裂中苏同盟关系，来改善美国的战略困境。对比来看，美国建立了一个开放性的国际合作体系，可以通过该体系从盟国和伙伴国家获得人才、资源和其他能力。苏联则建立了一个相对封闭的国际体系，并为维护这个封闭体系消耗了大量的资源，摧毁了自身经济。最终，美国赢得了冷战。从这一角度可以说，苏联是输在经济上，输在经济效率上，而不是输在价值观和意识形态上。

东亚国家的历史也可以证明这一点。1949 年到改革开放前，中国的战略自主水平很高，但经济实力相对落后，与世界经济和科技发展领先水平的差距也不断拉大。朝鲜追求高度战略自主，甚至达到孤立的程度，只能依靠自身寻求发展。韩国高度依赖国际市场，积极融入经济全球化，可以从世界市场广泛获得资源和发展机会。因此，朝鲜虽曾在经济发展上长期领先于韩国，最终却被韩国超越。

简而言之，中国正面临一个崛起中的国家所经常面临的战略选择陷阱。在过去的 100 多年中，选择战争的日本和德国，以及选择脱钩的苏联，都输掉了大国博弈的长跑。那些具有战略定力，善于等待和忍耐的国家，却赢得了竞争。

中国应对外部安全挑战的策略选择

如上所述，大国在崛起的过程中，会面临一系列战略陷阱和诸多选择困难，也会有很多战略诱惑。第一次世界大战之前，霸权国与挑战国之间的位次交换，经常以战争为代价，战争也经常作为解决问题的主要方案。但是，第一次世界大战以来，主动选择战争的大国，都没有实现崛起目标，反而给自身带来了严重的灾难。民族主义意识的普遍觉醒，让通过对外殖民实现崛起越来越困难，成本越来越高而不再可行。日本逆时代潮流而动，在去殖民化时代开始推行殖民扩张，打着"大东亚共荣圈"的旗帜却遭到东亚国家的普遍抵抗。第二次世界大战结束后，大国博弈的方式和形态发生了重大变化，贸易自由化给国家以非战争手段崛起提供了可能性。

冷战结束以后，不仅大国间的战争行为是不可取的，大国通过对中小国家发动战争来实现战略目的的企图也经常难以实现。美国侵略阿富汗和伊拉克的战争等案例，都在向人们展示冷战后发动战争的困难。全球化和信息化催生的全球公民社会，削弱了国家对暴力工具的垄断权，也削弱了国家的战争能力。当前，中国面临的外部安全问题，既不是战争状态，也不是冷战或新冷战，而是一种新的多边疆战争。这种"多边疆战争具有多领域、多主体、多形态和多结果等特征。大国间的战争不再局限于一时、一地、一领域的得失，而是变成复杂互动、结果不一的多重、多样的战争型博弈。"① 面对外部安全环境的问题和陷阱，中国要坚持经济发展优先的基本战略，保持战略定力，推动大国外交行稳致远。

中国应对外部安全挑战的策略选择

---

① 张家栋：《多边疆战争：未来战争的可能形态》，《学术前沿》2021年5月下。

从中国的角度来看，要更加坚定不移地全面深化改革开放。改革开放是一个全方位战略，涉及经济、军事和政治等方方面面。坚持改革开放，就要保持战略定力。在 20 世纪的世界三次大转折中，从第一次世界大战、第二次世界大战到冷战，中国总是站在胜利阵营一边。新中国成立 70 多年来的历史，绝非一帆风顺、波澜不惊。中国经历过几次重大形势变化的挑战，如朝鲜战争、苏联解体以及中国加入世界贸易组织等。这些挑战严峻、复杂，但中国都成功在应对挑战、战胜风险、破解危局中不断前行。当前，世界百年未有之大变局加速演进，世界之变、时代之变、历史之变正以前所未有的方式展开，各种风险挑战接踵而至，其复杂性严峻性也前所未有。历史上，中国在基础条件相对薄弱的情况下，都战胜了各种艰难险阻。如今，中国的综合国力显著提升，可运用的战略和政策资源也更加丰富，一定能够克服困难。从过去 100 多年的历史来看，很多强国曾因民族主义和民粹主义而失去战略思考能力，因外部压力而失去战略定力并最终失败。俄罗斯、日本等国的历史沿革从不同方向和层面，给我们提供了教训和经验。

从国际层面来看，中国要推动缓和中美关系，稳住中日、中欧关系，深化与全球南方国家的团结协作。改革是一国的自主行为，而开放则需要良好的国际环境，是双向互动的结果。国际主流社会愿意对中国开放，中国的开放才会有意义。目前，中国开放的适宜度有所下降，美西方不断在高科技领域给中国设置障碍，并提出"去风险""小院高墙"等限制中国发展的概念和政策举措。但是在更宽广的经贸领域，世界对中国仍然是开放的。中国要积极抓住机遇，创造对自身更加友好的国际环境。具体而言，首先，中国要积极缓和中美关系。促进中美关系在一个低水平上保持稳定，保持两国基本的经贸人文交流以及在全球性问题上的有效合作，仍然是可能且可行的。其次，中国要稳住与日本和欧洲的关系。日本和欧洲是中美博弈中的关键第三方。日、欧虽然在意识形态上与美国有共识，但是在战略上与美国有差异，在经济利益上与美国有矛盾。只要中国淡化美日欧之间的共识，就有机会利用美日欧三方之间的战略差异和经济矛盾。最后，中国要深化与全球南方国家的团结协作。目前，全球南方国家在世界格局中的地位大幅上升、影响力不断增强，中国要积极发挥金砖国家合作机制的作用，继续发挥在其中的重要引领作用，为自身营造一个良好的外交阵地。

从战略顺序来看，要坚持经济建设优先原则。经济基础决定上层建筑是马克思主义基本原理之一。马克斯·韦伯虽然认为经济基础与上层建筑在逻辑上是平等的，但仍然认为经济基础是至关重要的。①安东尼奥·葛兰西发展了马克思主义，把人类社会分为政治社会和公民社会，但仍然认为两者都是由经济基础所决定的。②在冷兵器时代，经常出现一些国家和民族主要通过军事手段实现崛起的现象。但是在近现代史上，尤其是人类进入科技文明时代以后，国家崛起的路径就发生了变化。推行军事优先战略的国家，如日本、德国等，最终输给

---

① L. A. Scaff, "Weber Before Weberian Sociology", *The British Journal of Sociology*, 1984, 35(2).

② E. Morera, "Gramsci and Democracy", *Canadian Journal of Political Science*, 1990, 23(1).

了那些坚持可持续、全方位发展战略的国家。1898 年，美国 GDP 已跃居世界第一位，相当于排名第二的英国和第三的德国的总和。但美国的军事力量，却一直排在土耳其等国之后。第二次世界大战爆发时，美国的军队规模仍然很小。直到第二次世界大战结束，美国的 GDP 相当于世界一半以上之后，美国才最终获得了世界主导地位。总体来看，一国所获得的经济优势，要转化为军事、政治优势，往往需要很长的时间。在现阶段，中国的 GDP 居世界第二位，经济发展仍然是我国的第一要务，不发展是最大的不安全。

从外交策略上来看，中国要保持战略定力，推动大国外交行稳致远。当前，中国最大的外部安全风险，就是被孤立的风险。一方面，中国要坚持不结盟的总方针，保持对外战略的开放性和灵活性。另一方面，中国要继续坚持中立原则，低调而积极地进行外交活动。国家所面临的国际挑战和阻力，与自身的国力和意愿成正比。鉴于此，中国要通过积极友好的外交活动，尽可能地争取其他国家的理解，为自身发展赢得更多的时间和空间。

小　结

小国之道，在于游走、权衡于大国之间。大国之道，在于平衡内外之间的关系。居中则赢，失衡则乱。为维护外部安全，创造更好的国际环境，中国要超越安全去追求安全，化安全议题于日常行为之中。在国际格局多极化的新框架之下，世界发展格局也会多样化、多元化。中国要以多维度、多层面、多渠道、多样式的形态走向世界，与世界形势的新变化相适应，以对冲美西方国家对中国的无理打压。

参考文献

庞宝庆：《论二战时期日本战时军费筹集机制》，《日本问题研究》2017 年第 2 期。

张家栋：《多边疆战争：未来战争的可能形态》，《学术前沿》2021 年 5 月下。

《联合国宪章》，见 https://www.un.org/zh/about-us/un-charter/chapter-1。

World Bank, https://databank.worldbank.org/reports.aspx?source=2&series=NY.GDP.MKTP.CD&country.

L. A. Scaff, "Weber Before Weberian Sociology", *The British Journal of Sociology*, 1984, 35(2).

E. Morera, "Gramsci and Democracy", *Canadian Journal of Political Science*, 1990, 23(1).

第八讲　新兴科技领域国际规则制定：路径选择与参与策略

薛澜[*]

全球化进程下的人类科技创新活动已进入空前密集活跃期。以新一代信息技术、生物技术、新能源技术等为代表的新兴科技正在催生和孕育重大的产业变革。相比以往的科学技术，这些前沿科技的创新发展规律、产业发展方式、全球红利释放速度等均具有新特点，[①] 使得科技领域的国际公约、协定、准则、标准等国际规则框架建构呈现出了新博弈形态[②]。例如，地缘政治考虑和冷战思维抬头引致大国科

[*] 薛澜，清华大学苏世民书院院长、人工智能国际治理研究院院长、全球可持续发展研究院联席院长，公共管理学院教授，教育部"长江学者"特聘教授。清华大学公共管理学院副教授赵静对本文亦有贡献。
① 参见薛澜、赵静：《走向敏捷治理：新兴产业发展与监管模式探究》，《中国行政管理》2019 年第 8 期；姜李丹、薛澜、梁正：《人工智能赋能下产业创新生态系统的双重转型》，《科学学研究》2022 年第 4 期。
② 参见贾开：《走向数字未来：新技术革命与全球治理选择》，社会科学文献出版社2022 年版；陈少威、俞晗之、贾开：《互联网全球治理体系的演进及重构研究》，《中国行政管理》2018 年第 6 期。

技竞争日益加剧，部分国家将涉及人权、民族安全、社会公平等意识形态议题与新技术发展应用挂钩，导致既有国际规则执行频受国际贸易冲突挑战。新兴科技领域占据优势地位的"权力行为体"开始活跃，更具弹性的规则制定方式和包容性的治理工具成为了前沿科技的普遍治理选择①。由此可见，在科技全球化的当下，围绕新兴科技的国际规则建构是关乎人类命运共同体构建和全球科技治理的重要命题。

运筹新兴科技领域国际规则制定是主要科技大国占据未来全球经济格局优势地位、引领全球经济发展方向、展现科技大国责任与形象的重要战略部署。一方面，作为新兴产业国家，我国参与国际规则制定是破局当前相对不利国际环境的路径之一。全球科技博弈已深刻影响我国国家安全与新兴产业发展，如美国限制科技人才流动，出台芯片法案和科技投资禁令等做法对我国关键产业链安全造成了一定程度的威胁，尤其是拜登政府签署的"对华投资限制"行政命令，更是涉及量子技术、人工智能、先进半导体等前沿科技。另一方面，不断提升的科技创新实力对我国参与全球科技治理的责任担当也提出了更高的要求。随着科技创新能力增长及企业在全球产业链中优势地位趋显，我国参与国际规则与标准制定更为积极，全球治理贡献逐步获得国际社会认可。虽然部分小群体试图"污名化"我国全球科技治理的参与行动，并将我国排斥于一些国际治理体系之外，但是我国推动构建人类命运共同体的目标始终不变。2023年9月，我国外交部发布《关

---

① Hanzhi Yu et al., "Toward Inclusive Governance of Human Genome Editing", *PNAS*, 2022, 118(47).

于全球治理变革和建设的中国方案》，提出新兴科技领域是全球治理新疆域，各国应推动形成具有广泛共识的治理框架和标准规范。这一在国际舞台上发出治理倡议的新举措，引起了国际社会的广泛关注，开启了我国在复杂国际形势下，肩负新兴科技大国责任担当，保障国家科技与产业安全，积极探索和参与新兴科技领域国际规则制定的新局面。

运筹新兴科技领域国际规则制定的战略意义

在当下，基于不断提升的科技创新实力，运筹新兴科技领域的国际规则制定，在国际上更多地发出中国声音、提供中国方案、贡献中国智慧，既是我国肩负大国责任的体现，亦是促进新兴科技为全人类谋取福利的题中之义。具体而言，我国运筹新兴科技领域国际规则制定具有四方面的战略意义。

第一，新兴科技发展过程中的动态性、交叉性、不确定性等特征，将推动全球科技治理进入新一轮变革期。新兴科技的动态性表现为技术方法、应用功能迭代速度快，在累进式创新过程中新风险频现，这要求相应的国际治理规则应时而变；[1] 新兴科技的交叉性往往体现为跨领域、跨边界的知识与应用创新，这对原本建立在学科或产业边界基础上的传统全球科技治理规则产生重大冲击；[2] 新兴科技的

---

①　参见沈逸：《后斯诺登时代的全球网络空间治理》，《世界经济与政治》2014 年第 5 期。

②　D. Rotolo et al.,"What is An Emerging Technology?" *Research Policy*, 2015, 44(10).

不确定性既有内在发展规律、逻辑的不确定性，也存在变革价值与潜在风险，这都要求治理规则的执行者准确把握时机并及时干预，实现敏捷反应①。这三方面新特征在影响既有全球科技治理规则有效性的同时，也将推动新规则的建构与改革②。在此变革进程中，任何国家都没有绝对优势，尤其是在全球科技治理体系建设和发展方向共识均滞后的情况下，对后发新兴科技大国而言实际上存在新的参与机遇。

第二，新兴科技领域的国际规则制定是提升国家竞争力、推动全球共同发展的关键举措。新兴科技关乎国家竞争力与全球共同发展，参与其国际规则制定可使各国兼顾国家产业发展与参与全球治理的共同需求。国家竞争力表现为全球博弈视野下的国家能力相对优势，这既包括技术与产业优势，更兼具治理优势，尤其是参与全球科技治理的能力③。与此同时，全球共同发展需要国际社会联手，合理地应对新兴技术风险，推动技术包容性发展。在此基础上，新兴科技领域国际规则形成将有助于进一步减少市场逐利下的"公地悲剧"现象，在对新兴技术应用所带来的全球性风险进行治理的同时，推动各国走向利益汇合点，共享技术红利。鉴于新兴科技领域国际规则对各国技术和产业发展具有差异化影响，基于本国比较优势而提议、

---

① 参见贾开、赵静、傅宏宇：《应对不确定性挑战：算法敏捷治理的理论界定》，《图书情报知识》2023 年第 1 期。

② 参见杨洁勉：《中国应对全球治理和多边主义挑战的实践和理论意义》，《世界经济与政治》2020 年第 3 期。

③ T. Büthe and W. Mattli, The New Global Rulers: The Privatization of Regulation in the World Economy, *NJ: Princeton University Press*, 2011.

主导的国际规则将更有利于本国深度参与全球技术占位和产业分工合作。

第三，运筹新兴科技领域国际规则制定，既有助于"反击"西方大国技术压制，也助益我国产业获益。纵观科技发展历史，以美、德、日、英等为主的工业制造强国，无一不在抢占国际规则制定的制高点和话语权。当前我国正处于从制造大国向制造强国转变的高质量发展阶段，越来越多的中国企业实施国际化战略，布局海外市场，参与全球产业链竞争。但受国际规则制定与参与中的后发劣势，以及贸易和技术竞争、地缘政治摩擦影响，我国在新兴科技的全球化发展中面临更多风险与掣肘。例如，美国发布的《民主技术合作法案》号召美国主导下的技术合作国，针对中国在新兴及关键技术领域的国际标准与规范制定、联合研究、出口管控等方面进行联手遏制。当前，深度参与全球科技治理、运筹国际规则制定是扭转被动局面，并为我国技术及新兴科技产业发展保驾护航的必然选择。

第四，运筹国际规则制定是我国在新兴科技优势领域承担大国责任，彰显良好国际形象的契机。当今世界正经历百年未有之大变局，全球科技与产业革命正深刻影响世界发展格局和国际竞争范式，其中新兴技术发展将各国推向全新竞争领域。当前，以中国为代表的新兴国家在全球产业链中的"新赛道"上逐渐展示出优势，为推动全球共同发展贡献力量。反观部分技术先驱国家，不仅没有发挥正面作用，反而将技术出口管制、禁止科技产业投资等作为打击别国产业发展的工具，制造"贸易脱钩""科技脱钩"等局面，或以安全化需求"藉口"降低全球合作的主观意愿和动力。鉴于此，我国更应在优势产业和技术领域积极参与国际规则制定，传播中国声音、展现良好国际形象。

战略分析框架与议题图谱

以新产业革命和科技变革为代表的新兴科技广泛涵盖大数据、人工智能、生物技术、量子计算等诸多技术类型。不同类型技术发展规律和治理需求的异质性决定了相应国际规则形式的差异。与此同时，把握新兴科技领域国际规则的总体格局，还应建立在对各国参与目标和行动方案进行全面研判的基础上。因此，本文提出"规则形式、战略目标、行动机制"的战略分析框架，以整体把握当前新兴科技领域国际规则的情况。

首先，科技领域国际规则呈现出多种形式，可分为硬性规则和软性规则。新兴科技领域的国际规则包括国际技术标准、接口协议、合同范本等"硬性"规则，如国际标准化组织（International Organization for Standardization, ISO）制定的各类技术标准、东盟发布的《数据跨境流动合同范本》（MCC）、网络层的各类接口协议等。这些"硬性"规则主要服务于技术发展过程中的"控制性"治理需求，如核心技术厂商形成企业联盟巩固垄断地位、保障国际贸易中商品和服务的一致性等场景，以实现技术标准推广、技术壁垒、专利产业化、产业霸权、市场锁定等。但是，国际规则还包含围绕特定议题或产业形成的发展指南、原则共识、倡议协议等"软性"规则，如经济合作与发展组织发布的《关于隐私保护与个人数据跨境流通指南》、联合国教科文组织发布的《人工智能伦理建议书》、机器人三定律等。这些"软性"规则通常服务于技术发展过程中的"发展性"治理需求，适用于国际争议较小的宏观议题、难以达成共识的国际谈判、政治敏感度高的议题等场景，以实现凝聚共识、利益合作、利益交换等需求。这其中既包括官方层面达成的共识，也包括由企业、非政府组织、科学家等民间力量推动形成的国际合作与规则。

其次，国家参与国际规则制定目标多元，涵盖技术、产业、外交、全球等层面。一是技术层面，积极参与国际规则制定有助于本国推行其领先技术的标准，抢占技术贸易市场，并为本国企业的海外布局铺平道路；二是产业层面，寻找在全球产业链中的优势领域以及可合作的利益共通领域参与国际规则的制定，有助于谋取产业竞争主动权和扩大产业市场份额，争取话语权；三是外交层面，建立或推动全球治理制度的形成是大国外交的重要组成部分，参与国际规则的制定一方面是向全球展示负责任的大国形象，另一方面也便于回应他国对本国提出的外交批评或质疑；四是全球层面，参与国际规则制定是谋求国际和平与安全、促进经济与社会发展的主要路径。

最后，国际规则参与的一般性行动方案有主导、参与、对话、倡议四种主要形式。基于各国与本国间长期形成的关系性质和全球经贸格局情况，国际治理环境大致可分为合作导向和对抗导向两种类型。针对各国优势领域和非优势领域两种情境，结合期望达成的参与目标，国家有四种主要的参与路径。在合作导向的优势领域形成"主导"，即政府、企业等主体牵头发布国际规则、组织国际标准，发挥国际合作领导力；在合作导向的非优势领域保持"参与"，一国在非优势领域的国际合作中未必具备号召力和影响力，但也需要积极寻找利益共同点，参与国际话语体系和发出本国声音；在对抗导向的优势领域争取"对话"，即在国际合作意向较弱、但本国的优势发展领域，领衔全球各国展开对话，通过官方或非官方渠道主动搭建对话平台，主导话语体系；在对抗导向的非优势领域提出"倡议"，在国际合作几率较小、本国不具有足够话语优势的领域，积极提出倡议，参与国际规则的塑造和形成。

基于以上战略分析框架，一个相对适用于各国的新兴科技领域战略议题图谱跃然而出（见表1）。在技术层面，在基础类技术研发、开源类技术平台领域，各国倾向于国际合作，而在高端芯片等关系着企业甚至国家科技竞争力强弱的核心关键技术领域，各国则处于对抗局面。在产业层面，对于诸如自动驾驶、智能机器人、新材料等大多数新兴产业，企业联盟之间的合作居多，而对于具有公共风险，如关系民族的生物安全类产业，各国则倾向于独立研发；在外交层面，对于一些更具公共性的产品，如互联网、5G、跨境数据等，更需要国际合作释放其衍生价值和边际红利，而关系着国民安全，如生物特征识别产品的跨国运营，则更易受到他国的质疑、批判或抵制；在全球层面，关系着全球可持续发展的可再生能源、低碳技术、生命科学等方面更易达成国际共识，而涉及国际安全，如在军事方面的致命性自主武器、生物武器等研发领域相关国家常处于对抗性局面。

表 1　新兴科技领域国际规则制定的战略分析框架

参与目标 ＼ 国际环境和参与机制		合作导向的国际环境		对抗导向的国际环境	
		本国优势领域（主导策略）	本国非优势领域（参与策略）	本国优势领域（对话策略）	本国非优势领域（倡议策略）
议题领域		技术合作：基础技术研发、开源平台、先进制造技术、区块链		技术封锁：高端芯片、核心算法模型、行业关键技术	
技术层面	增加领先技术出口	·技术标准与政策协调	·促进企业合作	·加强海外布局	·联合弱势国家主张开放共享
	抢占技术贸易市场	·牵头国际技术标准	·搭建技术合作平台	·主导国际标准制定	·寻找利益共同点
议题领域		新兴产业：智能机器人、自动驾驶、新材料、精准医疗		公共风险：基因工程、生物产业	
产业层面	获取产业竞争主导权	·牵头标准和规则制定	·参与搭建合作平台，优劣互补	·牵头搭建对话平台	·自主研发、更新现有规则
	扩大产业市场份额	·合作参与标准和规则制定	·自主创新、弯道超车	·自力更生、迂回合作	·合作创新
议题领域		国家战略：基础设施建设、5G、网络安全、数据安全		军事安全：致命性自主武器、核武器、生物武器	
外交层面	展示负责任大国形象	·设置目标与议程	·发出中国声音	·先发制人、表明立场	·积极参与、合作倡议
	回应外交批评／误解	·掌握话语权	·争取话语权	·主导话语体系	·参与现有规则、倡议
议题领域		可持续发展：新能源汽车、低碳技术、生命科学、可再生能源		国际安全：自主性武器、化学品、生物特征识别、太空武器	
全球层面	谋求国际和平与安全	·营造国际舆论	·参与国际规则制定	·主导与制衡	·占据道德制高点
	促进经济与社会发展	·发挥国际合作领导力	·加强合作、参与共同话语体系的形成	·以强促弱、寻求共同目标	·共同发起倡议

资料来源：作者自制。

关键新兴科技议题的选择

在理解运筹国际规则制定的总格局基础上，考虑到新兴科技领域的议题广泛，我国在国际规则参与领域选择时，应考虑议题重要性、争议性、关联性。综合上述分析框架，当前我国可以选择的国际规则参与领域是人脸识别与自动驾驶。

第一，全球化利益、高风险关注下我国参与的重要性。人脸识别和自动驾驶都是备受关注的新兴科技议题，不仅在经济、社会等多个领域具备全球红利，其发展过程中引发的治理风险也亟需利益相关方的改革回应。我国在此议题中运筹国际规则能够更好地趋利避害、转危为机，获取较大效益。一是我国具备显著的技术和产业竞争优势，如云从、商汤等公司人脸识别算法名列前茅；禾赛、华为等企业激光雷达和毫米波雷达传感器具有技术优势；海康威视等企业在智能安防产品及解决方案方面占据全球市场领先地位。国家积极运筹国际规则制定可为相关技术国际标准主导和本土企业走出去奠定基础。二是两个领域均具备全球治理参与的高显示度，可为我国承担大国责任、展现大国形象提供契机和平台。鉴于当前国际社会对我国人脸识别隐私保护和自动驾驶隐私安全的质疑或污名化，我国有必要通过参与国际规则制定来消除负面舆论影响。

第二，积极布局合作导向与对抗导向的两类争议性场景。人脸识别领域的竞争呈现了以对抗为导向的国际治理环境，而自动驾驶领域则具有全球合作的发展趋势，选择此两类议题运筹国际规则制定可体现出不同情况下新兴科技国际规则制定的全貌。在人脸识别领域，因相关技术涉及隐私信息保护、数据安全等诸多敏感议题，各国近年来对其监管日趋严格，而各地区规制制度的差异性也使得针对人脸识别的国际规则制定存在较大争议，我国企业在全球化过程中也随之面临较大的压力。相比之下，在自动驾驶领域，自动驾驶技术的发展红利更为突出，尽管仍然存在对数据安全等治理风险的担忧，但各国政府和企业在制定自动驾驶国际规则方面更多秉持实现规模经济的发展理念，以合作导向为主，参与自动驾驶的国际标准制定与布局。如日本加入国际汽车安全环境标准制定组织，联合英、德等国争夺国际标准制定权；宝马、奥迪、百度、安波福等企业开始合作起草国际标准，或成立行业联盟推动自动驾驶相关安全标准制定。

第三，技术风险和关联性风险治理需求的议题关联性。不同技术领域与其他新兴科技领域的关联程度存在差异，选择分别代表特定技术风险和关联性风险的技术领域，可为在运筹其他新兴科技领域国际规则制定中出现的不同情形提供借鉴和参考。具体而言，人脸识别与其他新兴科技的关联性较小，更多体现单点技术的突破与在特定范围内的专业性应用。围绕其国际规则制定的讨论主要聚焦于对特定治理风险类型的回应，如智慧安防支持者认为人脸识别技术应用能够提高城市安全和市民人身安全，而反对者则认为其有侵犯隐私、加剧种族偏见的隐患，在技术更成熟、立法监管更完善之前应禁止或限制其使用。相反，自动驾驶是覆盖多种技术类型的"技术簇"，广泛覆盖芯片、算法、数据等多个新兴科技议题领域，所涉治理需求与风险也较为广泛。例如，中国蔚来、小鹏、合众等自动驾驶汽车企业依然主要向英特尔、英伟达购买自动驾驶芯片或捆绑算法，对国外芯片有较高的依赖度，产业发展进程一定程度上受到国际技术封锁影响。

参与全球新兴科技治理的思路建议

当前，我国应从增强互信共识理念引导，融合制度设计与执行路径，培育参与主体和协作组织，强化技术交流与战略合作等四个方面，构建参与全球新兴科技治理的多层次战略思路，保障国家科技与产业安全。

第一，增强互信共识理念引导，凝结新兴科技领域发展思路以明确中国立场与态度。在各领域的国际标准和规则制定中，始终对外宣传国家核心理念。建议组织研判新兴科技的全球参与情况，政府有关部门牵头确立各领域的核心参与理念，并通过官方或非官方渠道让国内业界和学术界广泛知晓。在参与硬性和软性的国际规则形式制定中，多方参与主体在始终秉持统一核心战略目标的同时，可以灵活地多元表达与代表各自身份发声。同时，在凝结发展理念过程中，应尽可能地与具有国际影响力且与我国不存在根本冲突的区域性大国或国际组织（例如，欧盟、东盟、阿盟）展开充分对话。应充分关注其他国家的治理诉求和治理逻辑，并将其吸纳至本国新兴科技治理理念之中，进而为制定符合大多数国家的国际规则准备条件。

第二，融合制度设计与执行路径，确保国际规则参与的顶层设计与国内微观执行的顺畅衔接。在新兴科技发展的不同领域政策中，开展国际合作已经成为了普遍的要求，当前应注重融合制度设计，以有效回应国际社会对中国有关话题的争议和质疑。注重与外交结合，打破国际社会对中国新兴技术发展的污名化和质疑。进行社会引导与布局，避免舆情事件发生。鼓励行业与企业积极参与，在容易引发争议的领域，弱化政府角色，引导民间行为。注重对外规则和对内规则的一致性，优先做好对内的制度建设，以提高中国对外发声的影响力。在整体对外交流松绑、简化流程、创造机会的背景下，还需制定相关领域的系统参与路径，对重要的全球治理平台（包括政府间国际组织和非政府间国际组织）进行研判，根据可参与契机及程度选择不同方案，整合各方资源，输出中国智慧，提升话语权。

第三，培育参与主体和协作组织，形成并完善我国新兴科技国际规则参与的多层次网络。在中美博弈背景下，除了政府主体通过官方平台充分发声，还需要动员全社会力量联合打开中国参与全球治理的新局面，推动和鼓励科学家群体、科技企业、智库、高校、行业协会等主体与全球范围内的同行开展深入合作与交流。尤其注意推动重点头部企业研究院以企业身份参与国际规则事务构建，包括国际规则共同体的建设、国际组织会议的筹备、国际共识的谈判、国际论坛的参与，等等；培育中国科技创新人才的国际规则意识，提升其参与全球事务的能力；逐渐搭建、完善中国各类主体参与国际规则制定的社会网络，为发出中国声音提供成熟的渠道和平台，扩大影响力。

第四，强化技术交流与战略合作，提升科技创新能力以找准参与途径进行内外联动布局。在新兴科技国际规则制定领域，区分技术与应用两个环节，更多重视技术层面的交流合作与互信共识以寻求"最大公约数"。技术优势是中国运筹国际规则的"硬通货"。对内做好科技人才培养和引进，增强科技奖励的"含金量"，设立促进高水平国际科技创新人才交流项目，在技术研发、专利合作等方面推动人才合力的形成。对外加强对中国技术国际获奖的宣传力度，在形成技术重大突破的领域扩大外宣效应，吸引国际合作。在新兴技术尚未确立国际标准的情况下，抓紧总结本国新兴产业领域的国内治理经验，依托对全球行业发展趋势的研判，运筹国际规则制定，使得中国在相关领域进行标准或规则的制定中能够掌握主导权。

参考文献

贾开：《走向数字未来：新技术革命与全球治理选择》，社会科学文献出版社2022 年版。

薛澜、赵静：《走向敏捷治理：新兴产业发展与监管模式探究》，《中国行政管理》2019 年第 8 期。

姜李丹、薛澜、梁正：《人工智能赋能下产业创新生态系统的双重转型》，《科学学研究》2022 年第 4 期。

陈少威、俞晗之、贾开：《互联网全球治理体系的演进及重构研究》，《中国行政管理》2018 年第 6 期。

沈逸：《后斯诺登时代的全球网络空间治理》，《世界经济与政治》2014 年第 5 期。

贾开、赵静、傅宏宇：《应对不确定性挑战：算法敏捷治理的理论界定》，《图书情报知识》2023 年第 1 期。

杨洁勉：《中国应对全球治理和多边主义挑战的实践和理论意义》，《世界经济与政治》2020 年第 3 期。

Hanzhi Yu et al., "Toward Inclusive Governance of Human Genome Editing," *PNAS*, 2022.

D. Rotolo et al., "What is An Emerging Technology?" *Research Policy*, 2015.

T. Büthe and W. Mattli, *The New Global Rulers: The Privatization of Regulation in the World Economy*, NJ: Princeton University Press, 2011.

第九讲　总体国家安全观指引下的
核安全探析

李彬 [*]

引　言

经过近百年的发展，核科学与技术在当今世界上发挥着越来越重要的作用。与此同时，防止核科学和技术在应用中出现负面效应，也是我们面临的重要任务。这些负面效应大体包括：核事故、核恐怖主义以及核武力威胁，三个方面的负面效应也对应着核安全的三方面重要含义。核安全的内涵和外延涉及面十分广泛，内容和应对策略也非常复杂，对我国加强核安全监管，提升核安全水平，推进全球核安全治理提出了挑战。

2014 年 4 月 15 日，习近平总书记主持召开中央国家安全委员会

---

* 李彬，清华大学国际关系学系教授、博导，中国军控与裁军协会理事、帕格沃什科学与世界事务会议常务理事。

第一次会议，强调坚持并不断发展总体国家安全观，构建包括核安全在内的一体化的国家安全体系，并提出了"集中统一、科学谋划、统分结合、协调行动、精干高效"的原则。① 总体国家安全观为我们认识核安全提供了精准的视角，其中"统分结合、协调行动"是处理核安全的基本方法。我们既要理解核安全概念内涵的特点和逻辑，又要考虑它们之间的相互关联，以及核安全与经济社会发展之间的互动关系，以统筹推进我国总体国家安全和经济与社会的可持续发展。既有文献在对核安全问题的研究中，多是不加区分地讨论其中的一到两方面概念内涵。本文对核安全的三个含义加以区分，并讨论其内外关联性。

防止涉核事故并减轻涉核事故的放射性后果

核安全的第一方面含义是：防止涉核事故的发生；在涉核事故产生的情况下减轻事故的放射性后果。这种含义下的核安全一般简称"核安全"，对应的英文是 nuclear safety。2010 年以后，外交部门开始称其为"核能安全"。涉核事故是指由人工设置的、具有核辐射特性的设备或者物质偏离了人类预设的状态，其后果可能导致核辐射与人类出现不应有的接触。

值得说明的是，防止涉核事故并减轻涉核事故的后果不仅仅针对

① 《习近平著作选读》第一卷，人民出版社 2023 年版，第 235 页。

核能行业，还包括核武器相关部门。可能出现涉核事故的对象包括：核反应堆及其类似的核设施，铀235、铀238、钚239等核材料，相关的放射性废物；放射性同位素以及射线装置等；核武器及其相关设备。

防止涉核事故并减轻涉核事故的放射性后果

　　造成涉核事故的原因可能是自然现象、其他类型的事故、人为失误以及上述原因的叠加影响。其中，自然现象包括：地震、海啸、高温、洪水等。这些自然现象可能会改变一些涉核设备和物质的环境，使其超出人们预设的条件和程序，使得这些设备和物质的状态偏离原有的设定，从而出现核辐射泄露风险。其他类型的事故也可能引发涉核事故或者出现涉核事故隐患。例如，停电、断水等事故原本是非核事故，而如果核设施或者核废料储存场地完全依靠外来电源和水源进行冷却，就可能因为停电、断水事故而出现过热现象，进而引发涉核事故。此外，人为过错也会导致涉核事故，例如，忽视操作规范、疏于管理、人为误判、设计缺陷等都可能导致涉核事故。值得指出的是，人为攻击不属于此列，而是属于下文将要讨论的核安保问题。

　　涉核事故往往是多个原因耦合形成的。例如，地震可能引起非核的断电事故，断电事故又可能中止核设施冷却系统的运行。如果设计中缺少备用的冷却系统，可能致使核设施、核废料中的裂变产物产生的热量无法及时导出，从而出现过热现象，形成高温高压，最终导致放射性物质外泄。

　　1979年3月28日美国三哩岛核事故的最初起因是简单的设备故障，后来由于一系列人为误判、操作失误导致了严重的核事故，出现了放射性物质泄漏。①1986 年 4 月 26 日苏联切尔诺贝利核事故的起因也是操作者在功能测试中出现一系列误判和误操作，导致了堆芯部分出现高温高压，最后出现放射性物质泄漏。②2011 年 3 月 11 日发生的日本福岛核事故是地震和海啸两种关联的极端灾害叠加所导致的。福岛第一核电站之所以在海啸中损毁严重，其中一个原因是核电站设计之初缺乏对诸如海啸、地震等外部因素的全面综合考量。③ 地震的出现切断了外部对福岛核电站的供电，部分仍在运行的核反应堆按照预定设计进入停堆程序，但是堆芯的裂变产物仍在继续衰变并产生热量，急需冷却系统将其导出。然而，原本设计用于紧急情况下进行冷却的发电机和蓄电池等设备被海啸破坏，无法给堆芯制冷，最终导致了堆芯融毁的核事故。时至今日，日本福岛核事故产生的核污水仍未得到妥善解决。

上述三个案例都属于大型核事故，产生了严重的后果。也有一些涉核事故的规模很小，例如，在某些工业、医学用途的小型放射性同位素源出现短暂脱离监管的情形下，无关人员途径现场，可能存在被核辐照的风险。如果放射性同位素源长时间脱离监管，即使没有人受到过量辐照，普通民众也会感到紧张。这种物理后果与心理后果并存的现象是涉核事故的一个显著特征。

---

① G. R. Corey, "A Brief Review of the Accident at Three Mile Island", *IAEA Bulletin*, 1979, 21(5).

② International Atomic Energy Agency, "The 1986 Chornobyl Nuclear Power Plant Accident", https://www.iaea.org/topics/chornobyl.

③ International Atomic Energy Agency, "The Fukushima Daiichi Accident-Report by the Director General", 2015, https://www-pub.iaea.org/MTCD/Publications/PDF/Pub1710-ReportByTheDG-Web.pdf.

防止涉核事故，也需要考虑核武器系统。核武器装置在存放或部署中可能会遇到撞击、雷击、高温等特殊情况和极端物理条件，防止核武器装置在这些情况下引发核爆炸或出现核泄漏也是重要的核安全工作。

政府和企业都肩负着核安全管控的责任。政府主要负责制定核安全法律、规则、制度以及操作细则；对企业实施安全监督，对其中的一些关键部分进行安全检查；在出现事故苗头的时候及时检测和纠正偏差；在事故发生之初，组织强有力的、专业性的技术应对，及时进行人员疏散，防止事故恶化；在事故后期组织清污工作以及医疗救治，努力减轻事故对公众和环境的影响。企业负责严格落实国家颁布以及国际组织推荐的安全法规与程序；在核与放射性设施的设计、建设、运行、退役、清污等各个阶段严格遵守安全要求进行操作；建立企业自律机制，设计管理精细化程序；建设强有力的安全文化①，引导工作人员将生产管理安全始终置于首位。

核安全的应对措施与一般工程安全有相似之处，也有其自身特点。第一，在核与放射性设施的设计和运行中，需要留下足够的安全冗余，避免被突发情况击穿技术屏障。通常每个核反应堆拥有一个额定功率，但考虑到事故的瞬时功率可能远超额定功率，因此，设计的屏障需要留出足够冗余。其他一些技术指标也有类似情况。切尔诺贝利核事故中，由于在测试中留下的冗余不足，又未能及时纠偏，最终导致事故的发生。第二，应高度重视潜在的核安全事故隐患，及时、

---

① 参见严新虹：《以核安全文化为核心的企业文化建设实践》，《核安全》2022 年第 6 期。

系统地做好预警排查。福岛核电站的备用冷却系统在设计上具有很强的抗震能力，但却几乎没有考虑到海啸等自然因素的影响，最后因无法应对地震引起的海啸，造成重大核安全事故，并延祸至今。第三，事故隐患和危机的应急响应机制设计建设应充分考虑极端情况下无外部资源支持的情况。核反应堆即使停止运行，其裂变产物也会继续产生热量，因此，反应堆因事故停止运行后仍需继续冷却；核反应堆产生的废料在撤出反应堆后会继续发热，这些废料在存储中，也需要继续冷却；放射源停止使用时也会有核辐射，这些设备无法通过关闭运行避免事故影响。在自然灾害等突发事件中，外部资源的供应可能会被切断，因此，在出现外部断电、断水等情况后，冷却系统应该能够依靠自身势能维持足够时间的冷却功能；在房屋倒坍的情况下，放射源的屏蔽层能够依靠自身重量自动关闭。这样的安全应对措施才能有效提升核安全保障能力和效果。第四，应加强应急管理和力量建设，在核事故产生后，要及时制止或减少事故后果的扩大和扩散，防止和控制放射性物质释入环境和人员沾染，快速有效清污，从而全力减轻事故后果。

2019 年 9 月，国务院新闻办公室发布了《中国的核安全》白皮书 ①，全面介绍了我国核安全的理念、举措以及进展。在核安全建设中，树立理性、协调、并进的核安全观被置于首位。核安全的具体内涵包括：一是坚持发展和安全并重、权利和义务并重、自主和协作并重、治标和治本并重；二是构建核安全政策法规体系，近年来我国

---

① 参见中华人民共和国国务院新闻办公室：《中国的核安全》，2019 年 9 月 3 日，见 https://www.gov.cn/zhengce/2019-09/03/content_5426832.htm。

陆续颁布了《中华人民共和国核安全法》《中华人民共和国放射性污染防治法》以及相关的行政法规、部门规章、指导性文件、参考性文件等各个层次的法规和文件，密切对标国际原子能机构的最新安全建议；三是实施科学有效的核安全监管，加强技术保障和人才队伍建设，不断推进核安全监管体系和监管能力现代化；四是保持高水平核安全要求与实践，包括核电发展安全高效、重要核设施安全运行、放射性废物分类安全处置、核技术利用安全水平大幅提升等；五是营造共建共享的核安全氛围，加强核安全文化建设，营造人人有责、人人参与，全行业全社会共同维护核安全的良好氛围；六是打造核安全命运共同体，忠实履行国际义务和政治承诺，支持加强核安全的多边努力，加强核安全国际交流合作，为人类核安全作出建设性贡献。

防止恐怖分子攻击核设施与核材料

核安全的第二方面含义是：防止恐怖分子以及其他反社会人员对核武器、核材料、核设施、放射性材料等发起破坏活动；在破坏发生的情况下，阻止和减缓其进一步恶化。在此含义下，核安全措施具体而言就是防止、侦查以及应对涉及核材料、其他放射性物质或其相关设施的盗窃、破坏、擅自获取、非法转移或其他恶意行为。2010 年之前，此含义的核安全一般简称为"核保安"；2010 年之后，核工业相关部门和系统将其简称为"核安保"，外交部门将其简称为"核安

防止核恐怖
主义

全"。这一含义下的核安全对应的英文为 nuclear secu-rity。

上述破坏活动的行为者多指恐怖组织以及反社会的个人，国家行为体发起的攻击或者威胁则包含在下文将提及的第三方面含义中。从技术层面看，恐怖组织和反社会个人发起的攻击大致有四种类型：偷窃核武器，并发动核攻击；偷窃核材料制造核武器，并发动核攻击；偷窃放射性材料，制作"脏弹"，并发动放射性攻击；攻击核设施以期引起放射性泄漏。

核恐怖主义的第一个手段是盗取核武器。恐怖组织和个人盗取核武器的可能性即使非常有限，一旦发生也将带来极为严重的后果。国家决策者由于担心受到核报复，或招致世界人民的反对，对核武器的使用往往比较克制；但是恐怖分子对核武器的使用和态度却截然不同，因此要高度重视恐怖分子盗取核武器的后果。不同类型的核武器所处的状态不完全一样，其被盗风险也不完全相同。一般而言，大范围分散部署的核武器，被盗风险较大，尤其是海外部署核武器，面临的情况更为复杂。高度戒备状态的核武器，由于机械故障、管理难度高、人员高负荷工作引发疲惫等因素的影响，更容易发生核武器脱离监管的情况。例如，冷战期间，美国曾发生高度戒备的战略轰炸机携带的核武器从空中坠落的情况。[1]此外，使用更为灵活的战术核武器，被盗取的风险也更大。近年来，网络技术的发展增加了核武器被盗

---

① ABC News, "Palomares Anniversary: That Time the US Dropped 4 Nukes on Spain", January 18, 2016, https://abcnews.go.com/International/palomares-anniversary-time-us-dropped-nukes-spain/story?id=36322038.

取、劫持的风险，恐怖分子不需要物理接触核武器，通过网络手段就有可能获得核武器的某些权限。

为了防范恐怖主义对核武器的攻击，需要加强对核武器的保护和管理，包括实物保护，如实体屏障和警卫；也包括电子防护技术，如电子密码锁、电子防火墙等。

核恐怖主义的第二个手段是盗取武器级裂变材料，制造核武器。恐怖组织规模化生产武器级裂变材料是非常困难的，而且容易暴露。因此，他们更倾向于通过非法获取已有的武器级裂变材料的途径，并在此基础上生产核武器。由于恐怖分子并不过分看重核武器的安全性可靠性，因此其生产核武器的步骤和设备相对简易，以便更好地进行隐藏。所以，防止恐怖分子生产核武器的关键在于保护好武器级裂变材料。

武器级裂变材料包括武器级的铀和钚等。这些材料除了用于制造核武器，还可用于能源开发与科研。因此，武器级裂变材料的保护主要包括对核武器、核武器用裂变材料以及一些含有武器级裂变材料的民用设施的保护。少量民用的核设施会使用武器级裂变材料，以便获得特殊的技术效能。例如，一些研究用反应堆使用高浓缩铀，以便获得高中子通量。民用核设施中的武器级裂变材料可以用于制造核武器，因此，也可能成为恐怖分子觊觎的对象。一方面，需要加强对这些核设施的特殊保护；另一方面，可以使用一些替代手段，减少武器级裂变材料在民用核设施中的使用。

保护武器级裂变材料主要有两方面途径。一方面，加强对裂变材料数量的衡算，确保特定区域中的裂变材料在进入、损耗、流出三者之间实现数量平衡。衡算制度原本是为防止裂变材料在国家之间扩散而制定的，但是，这套制度对于防止核材料流入非国家行为体也十分有效。另一方面，加强核材料实物保护（也称为实体保护）①，即根据裂变材料的敏感程度，采用不同级别的实物屏障、监控设施、准入以及快速反应等物理手段保护裂变材料免受攻击。

核刑侦学（nuclear forensics）也是应对核恐怖袭击的一个重要手段。当执法机构获得少量非法转移的裂变材料之后，可以根据裂变材料的辐射特征，对材料进行溯源，从而亡羊补牢，堵上核材料遗失的漏洞。

核恐怖主义的第三个手段是盗取放射性材料，制作"脏弹"，并发动放射性攻击。放射性材料存在于运行的核反应堆、核废料储存地、放射源等场合。对于数量较大，存放集中的放射性物质，需要加强保护，建立实物屏障以及快速反应力量，阻断恐怖分子对放射性材料的非法接触。对于小型放射源，则需要建立全寿命跟踪管理系统，确保这些放射源不会被非法转移。

核恐怖主义的第四个手段是攻击核设施以期引起放射性泄漏。这种攻击不仅包括物理性的攻击，也包括电子、网络攻击等。核设施往往包含放射性物质，遭受攻击之后，可能诱发核事故，出现辐射泄漏风险。因此，对核设施的保护包括物理层面的屏障，如加强警卫和快速反应能力及力量，也包括网络防火墙等电子防护。尤为重要的是，要通过恰当的规章制度对核设施系统进行管理，并防范内部的反社会

---

① 参见国家原子能机构：《核材料实物保护公约修订案（中文）》，2022 年 4 月 23 日，见 https://www.caea.gov.cn/n6760401/n6760405/c6827783/content.html。

人士或者是心态不稳定者。

围绕该定义下的核安全领域，国际社会开展了一系列重要的国际合作。例如，国际社会达成了《核材料实物保护公约》《制止核恐怖主义行为国际公约》；国际原子能机构制定了多项规则和操作手册；联合国安理会通过了第 1540 号决议，要求各国采取有效措施，加强对大规模杀伤性武器及相关材料和技术的国内管理和出口管制，防范和打击非国家实体获取上述物项，并向安理会提交执行决议情况的国家报告。美国在奥巴马政府时期，曾经举办四次核安全峰会，中国克服重重困难，为峰会成功举办作出了实质性的贡献。

防止核讹诈和核攻击，维护国家战略安全

核安全的第三方面含义是：应对来自外国的核武力威胁，防止核讹诈、慑止核攻击，维护国家战略安全。在 2010 年之前，中、英文都用核安全来表示涉及核武器的国家安全和国际安全问题，其对应的英文为 nuclear security。2010 年以后，nuclear security 更多地用来表示上文提及的第二个含义，即防止核恐怖主义，因此，第三种含义下的核安全对应的英文表述就变得更加复杂，其对应的英文应为 strategic nuclear security，我国也使用"战略核安全"的说法。

核武器威力巨大，破坏后果严重，位居大规模杀伤性武器之首。我国曾经受到来自美国和苏联的核武器威胁，对此有着刻骨铭心的沉痛经历。毛泽东同志指出："在今天的世界上，我们要不受人家欺负，

发展自卫核力量，防止核讹诈和核攻击

就不能没有这个东西（指核武器，作者注）。"① 邓小平同志指出，你有，我也有，你要毁灭我们，你自己也要受到点报复……迫使超级大国不敢使用。因此，发展我国自卫核力量，防止核讹诈和核攻击，维护国家战略安全，一直以来是我国一项重要的国防任务。

如果潜在对手试图对我国进行核讹诈、甚至发动核进攻，其决策者会考虑核冲突对其自身的后果。如果我国在蒙受核进攻之后，仍然能够对对手发动核反击，那么，对手由于顾虑我国核反击的后果，就会放弃核进攻的企图。这是用核武器慑止核战争的基本逻辑，这个逻辑也可以用核战略稳定性理论来表述。核战略稳定性是用来度量国家之间发动核攻击、从事核军备竞赛动机大小的理论。如果两个对手核国家都拥有核反击能力，那么，任何一方贸然发动核攻击的动机就很小。

维护核战略稳定性的第一个基本方法是构建核对手之间恰当的核力量格局，使得任何一方发动核进攻都会承受核反击的风险。对我国而言，维护核战略稳定性的首要任务就是建立一只精干有效的核反击力量来慑止其他国家对我国进行核进攻的企图。在我们建设和维护核反击能力有效性的同时，潜在对手可能采取措施削弱我国的核反击能力，因此，维护核战略稳定性是一个动态过程。美国将削弱对手核反击能力的措施称作"限制损伤"（damage limitation），多年来一直在推进相关项目。美国发展战略性导弹防御系统可能削弱我国的核反击能力，不利于中美核战略稳定性；而我国发展导弹突防技术则有利于

①《毛泽东文集》第七卷，人民出版社1999年版，第27页。

维护我国的核反击能力，维持中美核战略稳定性。

我国发展战略机动导弹、潜射导弹，都是通过提高核武器生存能力的方式来维护我国的核反击能力，以自卫的姿态维护国家战略核安全。我国的潜在对手也一直在通过反潜作战、反机动导弹作战、导弹防御等项目试图削弱我国的核反击能力。因此，我国需要持续不断地加强核安全建设，从技术能力的角度改善和维护我国的核反击能力。这不仅有利于维护我国的战略安全，而且有利于消除潜在对手在危机中的机会主义冲动，有利于全球战略稳定。

维护核战略稳定性的第二个基本方法是强化"核战争打不得也打不赢"的国际认知。有学者将这种认知称作"国际规范"，具体而言就是"核禁忌（nuclear taboo）"。这种认知在拥核国家之间出现对抗危机的时候会影响决策者的决策倾向。如果"核战争打不得打不赢"的认知获得强有力的认可，那么，决策者对使用核武器就会有更多的克制，爆发核冲突的可能性就低，国际环境就更加安全。中国自获得核武器后，就承诺不首先使用核武器、不对无核国家使用或威胁使用核武器。中国的这种承诺强化了不使用核武器的国际规范，是中国对全球战略稳定独特的巨大贡献。2022 年初，中、法、俄、英、美五个核国家的领导人发表共同声明，指出"避免核武器国家间爆发战争和减少战略风险是我们的首要责任"，再次强调了"核战争打不得也打不赢"的国际认知。①

维护核战略稳定性的第三个基本方法是减少核力量运用决策中的误判、误算。拥有核武器的国家之间可能因为技术原因产生误判，从

---

① 参见外交部：《五个核武器国家领导人关于防止核战争与避免军备竞赛的联合声明》，2022 年 1 月 3 日，见 https://www.gov.cn/xinwen/2022-01/03/content_5666335.htm。

而出现非故意、事故性核战争风险。这已经不是简单的安全困境中互相猜疑和敌视的问题，而是与第一种含义的核安全出现了重叠。核国家在避免非故意核战争问题上具有共同利益，在《五个核武器国家领导人关于防止核战争与避免军备竞赛的联合声明》中也强调了防止核武器未经授权或意外使用。① 高新技术的发展和军事应用可能提高核武器以及其他武器的作战效率，但是，也给非故意的核升级带来隐患。其中的原因在于，高新技术军事应用在提高作战效率的同时，留给人类的决策思考时间可能被压缩，决策依据的可理解性可能下降，人类被机器误导的风险和几率则有可能上升。为此，我们需要未雨绸缪、采取措施，规避非故意核战争风险。

军备控制也是维护我国战略核安全的重要途径，可以缓和军备竞赛、减缓安全困境以及防止更多的核扩散。例如，1996 年达成《全面禁止核试验条约》之后，核武器国家没有再进行核爆炸试验。否则，核武器国家可能会担心其他核国家通过核爆炸试验实现新的、颠覆性的核弹头设计技术突破，从而导致互相猜忌，竞相投入资源进行核爆竞赛。《全面禁止核试验条约》的达成有效安抚了各国在核安全层面的担忧，中国在谈判中为这一条约的达成作出了巨大贡献。与此同时，军备控制也为国际安全对话提供了范式。例如，我国政府多次批评美国发展全国性导弹防御系统破坏战略稳定性，这是一种世界通用的话语，有助于我们在国际社会发声和促成其他各方的共识。尽管美国特朗普政府以前所未有的速度摧毁了多个国际军控机制，但是，国际上多年

---

① 参见外交部：《五个核武器国家领导人关于防止核战争与避免军备竞赛的联合声明》，2022 年 1 月 3 日，见 https://www.gov.cn/xinwen/2022-01/03/content_5666335.htm。

通用的军控话语体系仍然存在，并继续发挥着重要的沟通作用。这是一种重要的软力量，我们需要善加利用，以维护我国的战略核安全。

以总体国家安全观为指引维护我国核安全

2014 年 4 月 15 日，习近平总书记在中央国家安全委员会第一次全体会议发表讲话时指出，"当前我国国家安全内涵和外延比历史上任何时候都要丰富，时空领域比历史上任何时候都要宽广，内外因素比历史上任何时候都要复杂"[1]。在我国总体国家安全的视域中，核安全是总体国家安全的一个分支；核安全概念本身含义跨度非常大，包含前述的三个重要方面：预防核事故、防止核恐怖主义以及反对核武力威胁。核安全在含义上的内部差异不仅是一个需要辨析的学理问题，更是一个重要的政策实践问题。例如，汶川地震发生后，公众高度关注震区核设施的核安全问题。在随后召开的新闻发布会上，国家核安全局新闻发言人（对应第一方面含义，即预防核事故）表示，震区核设施都处于安全可控状态；[2] 国防部新闻发言人（对应第二方面含义，即防止核恐怖主义，也称核安保）表示，事故发生后，军队和武警及时加强了对震区核设施的保卫工作。[3] 由此可见，长期以来，我国不同部

---

① 《习近平谈治国理政》第一卷，外文出版社 2018 年版，第 200 页。

② 参见外交部：《经过检测和检查灾区所有核设施都处于安全可控状态》，见 https://www.gov.cn/govweb/wszb/zhibo232/content_990253.htm。

③ 参见《国防部新闻发言人：核设施在汶川地震中没受损害》，2008 年 5 月 19 日，见 http://last.huaxia.com/js/dl/2008/00808483.html。

门和单位对于核安全的处理和分工是周密部署、有条不紊扎实推进的。

三种含义的核安全具有不同的特性。防止核事故、实现核安全，是一种典型的非传统安全以及内部安全，其发展与环境安全、能源安全相关。在这种含义下，维持核安全意味着保障我国的可持续发展。防止核恐怖主义也是一种非传统安全，同时也是内外部相结合的安全；核恐怖主义安全威胁来自非国家行为体，其应对方法需要统筹结合传统安全手段与非传统安全手段。应对核武力威胁、实现战略核安全，是典型的传统军事安全问题，需要发展我国精干有效的战略核力量，加强建设于我有利的军控与不扩散国际制度。

将核安全概念进行分解辨析，按照不同含义分别进行处理并制定有针对性的应对措施，是基于还原论的一种认识论和研究方法。这种方法有助于将不同的核安全问题分类管理，引导和推动各个部门和各类工作人员各司其职，根据问题特性进一步组织和优化资源，做好核安全工作。对于核安全的三方面含义及其习惯性指称的总结详见表1。

表1　核安全的含义以及在不同系统中的习惯称呼

含义 使用圈子	预防和减缓核事故	防止核恐怖主义	反对核武力威胁
2010年前核工业部门	核安全	核保安	核安全
2010年后核工业部门	核安全	核安保	战略核安全
2010年后外交系统	核能安全	核安全	战略核安全
英语	nuclear safety	nuclear security	strategic nuclear security

资料来源：作者自制。

核科学技术除了上文涉及的核安全外，还涉及其他一些国家安全问题，例如，生物安全、能源安全、科技安全等。核技术目前广泛应用于诊断、治疗等医学领域。在我国人均预期寿命不断提高、健康需求日益增多的背景下，核医学将成为重要的、前景广阔的医学分支，为国家的生物安全贡献力量。同时，核能也是一种重要的低碳能源，其发展能够为二氧化碳减排作出贡献。我国已经提出了在 2030 年前实现碳达峰、2060 年前实现碳中和的目标，① 核能是实现"碳达峰、碳中和"目标的助力手段，是我国能源安全、环境安全的重要环节。此外，核科学本身就酝酿着科技发展与突破的契机，例如，可控核聚变一直是人类追求的目标。

国家安全工作要遵循"统分结合、协调行动"的原则。② 贯彻总体国家安全观，认识核安全问题，不仅要有还原论的视角，分解核安全的各个细节，还要有整体论的视角，充分认识核安全各种含义之间的关联和互动，深刻把握核安全与其他安全领域以及与经济社会发展之间的关系并对其进行有效整合。

三种含义的核安全各有重点，其安全措施各有分工；同时，也有一些安全措施是兼顾不同类型核安全的。例如，为了应对核恐怖主义，需要对一些核设施和放射性物质建立实体屏障，用于防止非法进入和接触。这种屏障本身也可以阻隔不当的核辐射，防止放射性物质外泄事故。又如，给放射源安装追踪部件，既可以防止放射源的遗失事故，也可以防止恐怖分子盗取放射源。由此可见，在预防核事故与防止核恐怖袭击方面，大量的措施具有相似的逻辑以及相近的应对方

---

① 参见习近平：《继往开来，开启全球应对气候变化新征程——在气候雄心峰会上的讲话》，《人民日报》2020 年 12 月 13 日。

② 《习近平著作选读》第一卷，人民出版社 2023 年版，第 235 页。

案。因此，要运用好统筹兼顾的科学方法论，采取二者兼顾的措施。加强民用核设施的网络防护，可以防范核恐怖主义；加强核武器的网络防御有利于维持我国核反击能力，反对核威胁。同时，核事故发生之后和受到核攻击之后的应急管理以及清污工作也非常相似，相关能力的建设也可以兼顾核安全三个方面的含义。

核事故、核恐怖袭击、核武力攻击都可能带来失控的核辐射，这些威胁的本质属性类似，因此，应对核安全威胁的一些措施也具有相似性。在考虑三种核安全各自特点的前提下，建立和建设应对核威胁的综合能力，是总体安全观中"统分结合"原则在核安全问题上的重要体现。

一方面，三种类型的核安全是相互促进的关系。例如，如果具备较强的规避核事故的能力，那么，被恐怖分子成功袭击的概率就低，我们部署精干核力量反对核威胁的底气也更足。另一方面，核安全与经济社会发展之间也是相互促进的关系。只有不断推进经济与技术的发展，才能够提供足够的资源来提升核安全；只有建立了精干有效的核武器反击能力，才能对抗外来核威胁，保护我国经济发展的成果；只有规避了核事故、恐怖核袭扰，才能维护我国的可持续发展。正如习近平总书记所指出的，"既重视发展问题，又重视安全问题，发展是安全的基础，安全是发展的条件"①。

在核安全问题上，中国并不是单打独斗。中国的核安全是全球核安全的一部分，也是推动构建人类命运共同体的一部分。未来，我们

① 《习近平著作选读》第一卷，人民出版社 2023 年版，第 235 页。

要根据《全球安全倡议概念文件》的有关精神，进一步促进核安全国际合作，建立公平、合作、共赢的国际核安全体系。① 作为一个负责任的核大国，中国应在加强自身核安保与核安全、加强有关体制建设与技术升级的同时，积极与相关国家和国际组织合作，为有力促进全球核安全的稳健发展和进步作出更大贡献。

参考文献

《习近平著作选读》第一卷，人民出版社 2023 年版。

《习近平谈治国理政》第一卷，外文出版社 2018 年版。

《毛泽东文集》第七卷，人民出版社 1999 年版。

习近平：《继往开来，开启全球应对气候变化新征程——在气候雄心峰会上的讲话》，《人民日报》2020 年 12 月 13 日。

中华人民共和国国务院新闻办公室：《中国的核安全》2019 年 9 月 3 日，见 https://www.gov.cn/zhengce/2019-09/03/content_5426832.htm。

国家原子能机构：《核材料实物保护公约修订案（中文）》2022 年 4 月 23 日，见 https://www.caea.gov.cn/n6760401/n6760405/c6827783/content.html。

外交部：《五个核武器国家领导人关于防止核战争与避免军备竞赛的联合声明》，2022 年 1 月 3 日，见 https://www.gov.cn/xinwen/2022-01/03/content_5666335.htm。

外交部：《经过检测和检查灾区所有核设施都处于安全可控状态》，见 https://www.gov.cn/govweb/wszb/zhibo232/content_990253.htm。

《国防部新闻发言人：核设施在汶川地震中没受损害》，2008 年 5 月 19 日，见 http://last.huaxia.com/js/dl/2008/00808483.html。

《全球安全倡议概念文件（全文）》，2023 年 2 月 21 日，见 https://www.mfa.gov.cn/wjbxw_new/202302/t20230221_11028322.shtml。

严新虹：《以核安全文化为核心的企业文化建设实践》，《核安全》2022 年第 6 期。

G. R. Corey, "A Brief Review of the Accident at Three Mile Island", *IAEA Bulletin*,

---

① 参见《全球安全倡议概念文件（全文）》，2023 年 2 月 21 日，见 https://www.mfa.gov.cn/wjbxw_new/202302/t20230221_11028322.shtml。

1979, 21(5).

International Atomic Energy Agency, "The 1986 Chornobyl Nuclear Power Plant Accident", https://www.iaea.org/topics/chornobyl.

International Atomic Energy Agency, "The Fukushima Daiichi Accident-Report by the Director General",2015, https://www-pub.iaea.org/MTCD/Publications/PDF/Pub1710-ReportByTheDG-Web.pdf.

ABC News, "Palomares Anniversary: That Time the US Dropped 4 Nukes on Spain", January 18, 2016, https://abcnews.go.com/International/palomares-anniversary-time-us-dropped-nukes-spain/story?id=36322038.

第十讲　如何保障新时代中国能源供给安全

郭焦锋[*]　任世华[*]

引　言

　　能源是人类文明进步的基础和动力，关系人类生存和发展，攸关国计民生和国家安全，对于促进经济社会发展、增进人民福祉至关重要。当前，世界百年未有之大变局加速演进，能源供需多极化格局深入演变。全球能源供需版图深度调整，进一步呈现消费重心东倾、生产重心西移的态势。近十年来亚太地区能源消费占全球的比重不断提高，北美地区原油、天然气生产增量分别达到全球增量的 80% 和 30% 以上。中国油气对外依存度居高不下，新能源矿产保供压力明显增大，能源绿色低碳转型加快，迫切需要提升新时代能源安全供给能

---

　*　郭焦锋，国务院发展研究中心资源与环境政策研究所研究员，中国石油大学（华东）、江苏科技大学兼职教授。

　*　任世华，煤炭科学研究总院科技中心主任、研究员。

力，以支撑新型能源体系规划建设，保障国家能源安全，确保如期实现碳达峰碳中和目标，推动实现经济社会高质量发展。

新时代中国能源供给安全内涵

经过多年发展，中国能源革命方兴未艾，能源结构持续优化，形成了多轮驱动的供应体系。面向未来，中国能源消费仍将缓慢增长，石油、天然气等资源供需缺口还会加大，对外依存度总体维持高位，能源安全可控生产面临挑战。全国能源供应链产业链调整将增加高新技术、关键矿产等的进口，可能形成受制于人的局面；传统化石能源面临巨大转型压力；新能源技术和装备所需的矿产、原材料供应链的不稳定性给中国能源安全可控生产带来新的挑战。全球能源格局正处于深度调整期，各种风险挑战增加，例如，中东、拉美、非洲等能源重点供应地区局势可能出现新变数，乌克兰危机加大国际能源合作与贸易的风险和不确定性，等等。这些都将给中国能源国际合作带来新的挑战，导致油气、新能源矿产等资源进口安全风险增加。

新时代中国能源供给安全内涵主要在统筹利用好国内国际两个市场两种资源。一方面，要坚持立足国内，把国内能源供应作为保障能源安全的主渠道。不断完善能源基础设施建设，显著提升能源安全供应能力，着力构建安全高效、清洁低碳的能源供应体系。另一方面，要全方位加强国际合作，深化与周边国家

能源供给安全的理论内涵与实践指向

或区域能源合作，建成多元能源供应体系，实现开放条件下的国家能源安全。

传统能源资源保障安全。立足国内，根据国情，加大煤炭资源精细勘查，大力推进煤矿智能化开采和煤炭清洁高效利用，切实发挥煤炭兜底保障作用；大力提升油气勘探开发力度，加快推进天然气产供储销体系建设，强化储备设施建设，提升管网互联互通增供能力，进一步提高油气自主保障水平；推进传统能源开发利用技术创新，增强前瞻性、颠覆性能源技术研发，进一步健全能源科技创新体系，实现能源科技创新有力支撑能源产业高质量发展；完善国外煤炭、石油、天然气进口渠道，深化与重点煤炭、油气资源国的合作，以传统化石能源领域务实合作促进与资源国共同发展，增强进口多元化和安全保障能力，有效应对国际能源资源市场各种变化。

新能源资源保障安全。巩固风电、光伏产业发展优势，持续扩大清洁低碳能源供应，推动新能源逐步由增量替代阶段进入存量替代阶段；重视新能源所需矿产资源供应安全，加大国内新能源矿产资源勘探开发力度，建立和健全新能源矿产资源商业储备与战略储备体系，完善新能源所需关键矿产资源安全供应体系；提升新能源发电的安全供应水平，推动多能融合、多网融合，实现电能、热能、冷能协同互补、相互支撑，建设安全可控、绿色低碳、多元互动、柔性灵活、协同高效、数字智能的电力系统；不断提升煤电灵活性，大力推进超高参数燃煤发电和高灵活智能燃煤发电，推进存量煤电机组灵活性改造应改尽改，合理建设先进煤电；高效发挥煤电基础性保障作用，推动煤电向基础性保障和系统调节性电源转变，煤电调节性作用进一步增强；加快发展储能产业链，多措并举推动储能提质增效、高效利用，有效应对能源系统运行安全和新能源矿产全球供应安全保障的新压力。

生态环境安全。能源勘探、开发、利用、回收再利用全过程需要逐步实现规模化、清洁化、低碳化、数字化，最大程度减少生态环境损害。着力推进能源勘探开发过程中的节能减排和资源综合利用，提高能源资源的采收率、能源共伴生资源的协调开发利用水平，降低开发能源消耗；着力推进能源利用的清洁化、低碳化，最大限度减少能源利用过程中的污染物排放和温室气体排放，推动能源消费观念和消费方式向绿色低碳转变；加强废弃物的回收、处置和综合循环利用，尽量减少污染物产生和温室气体排放；推进能源数字技术与能源开发利用全面融合，加快化石能源与非化石能源的优势互补和协同发展，不断提升能源资源配置率，有序建成绿色智慧能源系统。

能源价格安全。优化能源资源市场化配置，加快构建和完善中长期市场、现货市场和辅助服务市场有机衔接的能源市场体系，建立反映市场供需关系、资源稀缺程度和环境成本的能源价格形成机制。尽快建设全国统一的多层次电力市场，着力提升上网电量的市场定价比例；改革优化输配电价，进一步完善增量配电网价格形成机制，在确保电力安全前提下合理下调输配成本；更好发挥政府作用，精准确定保底电价及对应的范围，处理好交叉补贴问题，改革公用事业领域的民生电价制度；发挥市场对资源配置的决定性作用，在其他领域建立反映市场供需关系和用电质量的市场化电价制度。创新有利于非化石能源发电消纳的电力调度和交易机制，推动非化石能源发电有序参与电力市场交易，逐步建立新型储能价格机制；不断完善原油期货市场，适时推动成品油、天然气等期货交易，研究完善成品油价格形成机制；加快完善天然气市场顶层设计，构建有序竞争、高效保供的天然气市场体系，进一步完善天然气交易平台，稳步推进天然气价格市场化改革，减少配气层级；推动全国性和区域性煤炭交易中心协调发展，加快建设统一开放、层次分明、功能齐全、竞争有序的现代煤炭市场体系。加快落实清洁取暖电价、气价、热价等政策，让人人用得起、用得上、用得好清洁能源。

中国能源安全供给保障成效

近十年来，中国能源生产能力不断扩大、能源结构不断优化，供应基地建设持续推进、清洁低碳化水平明显提高，智能化得到长足发展、终端能源供应灵活性不断增加，输配储运能力稳步提升、安全保供韧性持续增强。煤炭开发布局持续优化，智能绿色开发和清洁利用水平不断提高，已建成全球最大的清洁煤电供应体系。油气投资力度进一步加大，陆续取得创新突破，初步确立了国内"增储上产"态势，进口来源多元化格局基本形成，"减油增化"结构调整效果显现，主要石化产品产量稳步增加，产供储销体系建设成效良好。油气管网设施建设进入第三次快速发展阶段，油气"全国一张网"初步建成，油气输配能力大幅提升。非化石能源进入快速发展阶段，能源生产逐步向集中式与分布式并举转变，能源系统形态加速变革，能源储运系统

全方位提升能源安全供给保障能力

建设取得了长足进展，有力保障了能源系统绿色低碳转型发展和供应安全。

能源供应保障能力总体稳定。一是能源大基地生产格局初步形成。持续加强各类能源资源规模化开采和就地转换，不断优化"西供东用"格局，拥有先进技术、产业链条完备的一系列能源基地已初步成型。煤炭领域陆续建设了晋北、晋中、晋东、神东、陕北、黄陇、宁东、鲁西、两淮、云贵、冀中、河南、蒙东、新疆等14个亿吨级大型煤炭基地；重点建设锡林郭勒、鄂尔多斯、晋北、晋中、晋东、陕北、哈密、准东、宁东等9个千万千瓦级大型煤电基地，以及内蒙古鄂尔多斯、陕西榆林、宁夏宁东、新疆准东四处现代煤化工产业示范区。电力生产方面，重点在四川、云南和贵州等地布局水电，形成西南水电基地；重点在西北、华北、东北地区建设风电基地和光伏基地；集中在辽宁、山东、江苏、浙江、福建、广东等沿海地区发展核电基地。油气供应方面，重点在松辽盆地、鄂尔多斯盆地、塔里木盆地、四川盆地等建设陆上油气基地，在渤海和南海建设海上油气基地；陆续在大连长兴岛、河北曹妃甸、江苏连云港、上海漕泾、浙江宁波、福建古雷和广东惠州建设石化基地。与此同时，针对东中部能源需求负荷集中地区，在沿海地区建立海上风电基地，积极创新风电、光伏发电、生物质等分布式能源发展模式。

二是终端多元供应方式不断丰富。能源系统形态分散化、扁平化、"一体化"的趋势特征日益明显。分布式能源快速发展，能源供应逐步向集中式与分布式并重转变，系统形态由大基地大网络为主逐步向与微电网、智能微能源网融合发展转变。工业绿色微电网建设开始试点示范。2017 年以来能源主管部门确定了 24 个并网型、4 个独立型共 28 个新能源微电网示范项目，我国首个可独立运行的新能源项目——内蒙古自治区阿拉善盟额济纳旗"源网荷储"微电网示范项目完成建设，并初步实现并网供电。部分工业绿色微电网项目结合"能源互联网""增量配电业务改革""智能光伏""源网荷储一体化""零碳产业园区"等其他目标进行了试点，其中近一半的项目在工业厂区或园区实施，并配有一定规模的零碳电源。电动汽车充电网络等新型基础设施建设取得明显成效。已建成全球最大的充换电网络，互联互通和技术水平稳步提高。2022 年中国充电基础设施数量达到 520 万台，同比增长近 100%，较 2015 年的 4.9 万台增长了 105 倍多。其中，公共充电基础设施增长约 65 万台，累计数量达到 180 万台；私人充电基础设施增长约 190 万台，累计数量超过 340 万台。2022 年中国乘用车换电站保有量累计达 1973 座，较 2020 年增长 250%。

煤炭安全稳定供给能力提升。一是供给侧结构性改革加快。煤炭资源查明储量与生产规模逐步增加。"十三五"时期，中国煤炭资源查明储量稳步提高，从 2015 年的 1.56 万亿吨增至 2020 年的约 1.72 万亿吨。2015—2022 年累计生产煤炭近 310 亿吨，占中国一次能源生产总量的 70% 左右。自 2016 年以来，煤炭有效供给能力稳步提升，2022 年煤炭产量达到 45.6 亿吨。

煤炭产能结构和开发布局进一步优化。截至 2021 年，全国煤矿数量减至 4400 处以内；年产 120 万吨以上的大型煤矿产量占全国总量的 85% 左右；年产千万吨级的生产煤矿由 2012 年的 33 处发展到

79 处，产能由 4.5 亿吨／年提高到 12.8 亿吨／年。煤炭生产重心加快向晋陕蒙新等资源禀赋、竞争能力占优的地区集中，产业集中度进一步提高。2022 年四省（区）煤炭产量合计 36.9 亿吨，占全国的 80.9%；亿吨级以上企业共 7 家，煤炭产量合计 20.6 亿吨，占全国的 45.2%。

二是智能绿色开发加速实施。绿色矿山建设取得明显成效。充填开采、保水开采、煤与瓦斯共采、无煤柱开采等绿色开发技术在部分矿区得到推广应用。2022 年全国原煤入洗率为 69.7%，比 2015 年提高 3.8 个百分点。矿井水综合利用率、煤矸石综合利用率和土地复垦率分别达到 79.3%、73.2% 和 57.8%，比 2015 年分别提高 11.8、9 和 9.8 个百分点。大型煤炭企业原煤生产综合能耗、综合电耗分别为 9.7 千克标准煤／吨和 20.0 千瓦时／吨。废弃矿井资源综合开发利用取得积极进展，煤矸石及低热值煤综合利用发电装机规模达到 4300 万千瓦，比 2015 年增加 1000 万千瓦。我国已建成一批国家级和省级绿色矿山，截至 2021 年，共有 282 处煤矿入选全国绿色矿山名录库。

煤矿智能化建设步伐加快。第五代移动通信技术（5G）、人工智能、大数据、云计算等现代信息技术在煤炭生产领域不断推广应用。"煤智云"大数据行业平台启动建设，矿山鸿蒙操作系统在煤炭生产中示范应用，行业首个第五代移动通信技术＋超宽带无线定位技术（5G＋UWB）信号全覆盖矿井系统建成。智能化选煤厂建设取得重要进展，自主研发的选煤厂国产化分散控制系统（DCS）已成功应用。初步统计结果显示，2022 年，全国建成智能化煤矿 572 处，已建成智能化采掘工作面 1019 个，31 种煤矿机器人在煤矿现场应用，提效增安的效果日益显现，为煤炭增产保供和行业高质量发展提供了强有力支撑。

三是煤炭清洁利用水平提高。煤电清洁改造规模不断扩大。煤电是保障我国电力系统安全的有力支撑。2022 年，我国煤电装机容量 11.2 亿千瓦，占全部发电装机容量的 43.8%，与 2015 年相比，占比下降 15 个百分点；煤电发电量 5.17 万亿千瓦时，占全国发电量的 58.4%，与 2015 年相比，占比下降约 15 个百分点。燃煤电厂清洁改造持续推进，节能减排效果明显。我国已建成全球最大的清洁煤电供应体系，2022 年，达到超低排放限值的煤电机组约 10.5 亿千瓦，占全国煤电总装机容量的 94%。供电煤耗逐年降低，全国 6000 千瓦及以上火电厂供电标准煤耗 305.5 克／千瓦时，比 2015 年下降 9.9 克／千瓦时。全国在运的 160 台百万千瓦超超临界燃煤发电机组，平均供电标准煤耗约 280 克／千瓦时。建成世界首台成功运用二次再热技术的百万千瓦超超临界燃煤发电机组，实现供电标准煤耗 266 克／千瓦时。烟尘、二氧化硫和氮氧化物排放控制水平逐步提高，单位火电发电烟尘、二氧化硫、氮氧化物排放量分别为 22 毫克／千瓦时、101 毫克／千瓦时和 152 毫克／千瓦时，比 2015 年分别下降 67、73 和 45 个百分点。

煤炭清洁转化示范工程建设取得进展。煤直接液化、煤间接液化等成套关键技术具有自主知识产权，工业示范工程实现了安全、稳定、长期满负荷运行，成为保障中国能源供应安全的重要途径。我国研发建成了世界首套百万吨级煤直接液化示范装置，实现长周期稳定运行；已建成全球单体规模最大的 400 万吨／年煤间接液化项目，整体技术居于世界领先水平。截至 2022 年，全国煤制油产能已达 931 万吨／年，以间接液化为主；建成了世界首套 60 万吨／年煤制烯烃工业化生产装置，煤制烯烃产能达到 1672 万吨／年；煤制气、煤（合成气）制乙二醇产能分别达到 61.25 亿立方米／年和 1155 万吨／年。

油气供给能力增强。一是采取有效举措确保石油稳产。"十三五"以来，我国全面深化油气行业供给侧结构性改革，逐步完善资源多元供应体系。主要石油企业着力推动高效勘探，高质量实施"七年行动计划"，持续提升油气勘探开发力度，加快推进国家油气基础设施重点工程建设；切实加强科技攻关，油气勘探开发理论和技术取得了突破性创新；加大新区新领域风险勘探力度，积极寻找油气新发现，突出中西部大盆地集中勘探和富油气凹陷精细勘探，积极探索页岩油气，加快非常规资源发展。"十三五"时期，我国石油剩余技术可采储量稳步增长，从 2015 年的 35 亿吨增至 2020 年的 36.19 亿吨，增长 3.4%。新增探明石油地质储量 50 亿吨，累计探明石油地质储量达到 420 亿吨。石油产量呈"V"字形发展态势，从 2015 年超过 2.1 亿吨，降到 2018 年最低 1.9 亿吨，随后实现连续 4 年回升，2022 年石油产量 2.05 亿吨，其中页岩油产量突破 300 万吨，是 2018 年的 3.8 倍。海洋油气勘探向深层、深水、高温、高压领域拓展，在渤海活动断裂控藏领域，莺—琼盆地高温、高压领域取得突破，其中渤海油田 2021 年石油产量超过 3000 万吨，成为中国第一大石油生产基地。

二是天然气供给增加。2015 年国内天然气产量 1350 亿立方米，2020 年增至 1925 亿立方米，2021 年突破 2000 亿立方米大关，2022 年达到 2201 亿立方米。天然气新增探明地质储量多年连续增长，

"十三五"时期，我国天然气年均增长率达 23%。2016 年天然气新增探明地质储量不足 7300 亿立方米，2022 年，全国天然气新增地质储量保持高峰水平，达 11323 亿立方米，其中，在琼东南盆地发现南海首个深水深层天然气田；在四川盆地寒武系新地层页岩气勘探取得突破；鄂尔多斯盆地东缘大宁—吉县区块煤层气开发先导试验成功实施。

以页岩气为主力的天然气储量产量不断增长。页岩气勘探开发取得跨越式发展。2015 年中国累计探明页岩气地质储量 5441 亿立方米，剩余可采储量 1302 亿立方米。"十三五"时期，全国页岩气新增探明地质储量 1.46 万亿立方米，探明川南万亿立方米页岩气田，发现和建设涪陵、长宁、威远、威荣和太阳等新增探明地质储量超过千亿立方米的主产区，建成北美之外最大的页岩气田。2015 年全国页岩气产量仅 46 亿立方米，2020 年产量增至 200 亿立方米以上，2021 年达到 231 亿立方米，2022 年达到 240 亿立方米。

重点盆地和区域勘探取得重大发现，探明塔里木盆地库车博孜—大北坳陷、准噶尔盆地南缘深层 2 个万亿立方米级规模储量区；靖边、苏里格、安岳、延安、川西、米脂、东胜等气田新增探明地质储量超过千亿立方米。渤海湾盆地潜山、琼东南盆地深水区、珠江口盆地阳江凹陷及惠州凹陷的渤中 19—6 亿吨级大型整装凝析气田、渤中 13—2 气田和惠州 26—6 等千亿立方米级规模气田实现了海洋油气勘探的重大突破。同时，低渗透、中深层等领域的低品位、难动用资源利用情况不断好转。此外，国内煤层气储量、产量保持小幅稳定增长。南海海域两轮天然气水合物试采均获得成功。

非化石能源供给能力逐步提高。一是非化石能源装机容量稳步增加。受政策和需求的强劲拉动，我国非化石能源消费总量由2015年的5.2亿吨标准煤增至2022年的9.5亿吨标准煤，年均增长9%，消费占比由2015年的12%提升至2022年的17.5%，增长了5.4个百分点。得益于非化石能源电力的快速发展，在2022年的非化石能源消费中，电力消费占比为99%。同时，非化石能源发电装机容量持续增长。2022年，全国非化石能源新增装机1.52亿千瓦，占全国新增装机的76%；可再生能源新增装机1.28亿千瓦，占非化石能源新增装机的84.5%。中国水电、核电、陆上风电及海上风电、光伏发电等多种电源的新增装机数量位居全球第一。截至2022年，中国非化石能源累计装机容量达到12.7亿千瓦，占全部装机容量的50.9%，历史性超过化石能源发电装机容量；特别是可再生能源装机规模突破12亿千瓦大关，达到12.13亿千瓦。其中，水电累计装机4.13亿千瓦(含抽水蓄能0.45亿千瓦)，风电累计装机3.65亿千瓦，太阳能发电累计装机3.93亿千瓦，生物质发电累计装机4132万千瓦，核电累计装机5553万千瓦。海上风电装机跃居世界第一。

二是非化石能源发电量持续增长。2022年，全国非化石能源发电量达到3.14万亿千瓦时，占全部发电量的36.2%，同比提高1.7个百分点；可再生能源发电量达到2.7万亿千瓦时，占全部发电量的30.8%，其中水电1.35万亿千瓦时、占全部发电量的15.3%，风电、光伏发电、生物质发电、核电发电量分别为7627亿千瓦时、4273亿千瓦时、1824亿千瓦时和4179亿千瓦时，占比分别达到8.6%、4.8%、2.1%和4.8%。2022年，全国非化石能源发电量31443亿千瓦时，占总发电量的 36.2%，比上年提高 1.7 个百分点。2022 年，全国主要流域水能利用率 98.7%，风电平均利用率 96.8%，光伏发电平均利用率 98.3%。非化石能源开发利用方式不断创新，新场景、新业态不断涌现。集中式与分布式并举，风电、光伏发电开发与农业种植和养殖、治沙、生态修复等实现了较好的融合。已建成甘肃酒泉、内蒙古锡林郭勒、青海海南和青海海西等多个千万千瓦级清洁能源基地。截至 2022 年，分布式光伏装机规模突破 1.5 亿千瓦，2022 年的分布式光伏新增装机占当年光伏发电新增总装机容量的三分之二以上。"光伏羊""光伏治沙""光伏扶贫""风电下乡"等融合发展的新模式将能源开发利用与经济活动、人民生活更紧密地联系在一起，非化石能源还广泛使用于煤矿沉陷区、油气井区、公共建筑和商业楼宇等场景，"风光水火储一体化"、"虚拟电厂"、聚合商等新业态得到了更广泛的推广。

新时代中国能源安全供给保障路径

2021 年 9 月，中共中央、国务院印发《关于完整准确全面贯彻新发展理念做好碳达峰碳中和工作的意见》，明确提出实现碳达峰碳中和目标，以能源绿色低碳发展为关键。相关研究表明，到 2030 年，中国能源需求总量有望达到并稳定在 60 亿吨标准煤左右，较当前需求增长 20%；用能品质将不断提升，电气化率有望较 2020 年提高 5 个百分点以上；清洁低碳化水平显著提升，在 2030 年前能源利用碳

能源的饭碗必须端在自己手里

达峰，此后稳中有降。实现能源绿色低碳发展，需要大力建设清洁低碳、安全高效的能源体系。一是仍要重视传统能源安全保障，立足国情，切实发挥煤炭兜底保障作用，特别是仍要高度重视油气供应安全保障，有效应对国际油气资源与石化产品市场剧烈波动。二是需要持续投资建设适用于新型电力系统的智能电网，全力推动建设智慧互联大型油气管网，加快发展储能产业链，着力应对能源系统运行安全和新能源矿产全球供应安全保障的新压力。把握好能源绿色低碳转型节奏，将统筹碳减排与能源安全保障作为重中之重。三是持续强化能源技术创新，在能源领域现存的主要短板技术和装备上基本实现突破，前瞻性、颠覆性能源技术快速发展，能源产业数字化智能化加快升级，形成一批能源长板技术新优势，实现能源领域高水平科技自立自强。四是建成现代能源市场，保持能源价格总体稳定，让广大人民群众用得起、用得上清洁能源，满足人民日益增长的美好生活的需要。

全面提升能源安全保障水平。一是不断探索煤炭兜底保障新模式。积极探索建立煤炭稳价保供模式。为依循能源绿色低碳转型大方向，煤炭领域既要顺应碳达峰碳中和大局、应退尽退，也要避免安全供应风险，把握节奏，维护市场价格稳定。在实现碳达峰碳中和目标的大趋势下，全社会已形成逐渐去煤的长远预期，市场价格对煤炭需求的影响将逐渐减弱，需求价格弹性将逐渐降低。在这样的市场环境下，煤炭担当能源安全保供角色，应承担确保价格稳定在合理水平和足量供应的双重任务。在市场煤、合同煤等现有运行模式的基础上，需加快探索稳价保供的新运行模式，如推动具有较强灵活性和调节性的煤炭"柔性"供应模式。

二是加大内陆及海上油气勘探开发。继续贯彻落实"七年行动计划"，稳步推进国内油气资源勘探开发，巩固石油产量，逐步提升国内天然气产量，把油气饭碗牢牢端在自己手里。有效推进有资质的国有企业、民营企业、外资企业、外国企业参与深海油气及非常规油气勘探开发利用。推动全球资本参与新疆地区常规油气资源和陆上低品位资源勘探开发。加大力度鼓励社会资本进入油气储运等环节，增强油气产业链保供韧性。支持新型煤基化工技术创新和示范推广应用，将已列入国家规划的煤制油气及烯烃项目尽快推进落地。

三是持续扩大非化石能源开发利用规模。非化石能源快速增长，风电和光伏发电的年均新增装机继续保持较高的水平，力争到2030年，全国非化石电力装机容量占全国总装机容量的60%左右。稳步推进非化石能源的非电领域应用，力争到2025年，核电供热、生物质供热、地热能供暖、生物质燃料、太阳能供热利用等非电利用规模达到6000万吨标准煤以上；推动非化石能源逐步由增量替代阶段进入存量替代阶段。加快非化石能源电力开发建设，力争扩大增量替代化石能源的能力。发展适应高比例可再生能源的储能、智慧能源技术，着力提升能源基础设施和运行市场机制对高比例非化石能源的适应能力，保障新增能源需求的绝大部分由非化石能源提供。

稳步推进新型电力系统建设。一是源网荷储多环节发力建设新型电力系统。在用电环节，为适应电量和负荷需求较快增长的大趋势，应加紧探索利用分布式智能微电网、聚合商等新模式和虚拟电厂等新技术，推动终端用户逐步向"产销者"转变。在电网环节，充分提升中国电网大范围和双向资源配置的能力，增强交直流远距离输电、区域互联、主网与微网互动能力，提升电力调度的全网协同和智能决策水平，提高电力系统的韧性。在发电环节，统筹推进新能源较快发展与煤电保供角色转换。稳步推进新能源大基地建设，大力发展分布式可再生电源，集中式与分布式并举发展新能源电源，不断提升电力系统的清洁低碳化程度。兼顾当前保供要求和未来转为调峰电源的客观趋势，因地制宜选择煤电和气电新建机组类型，持续推动已有火电机组的灵活性等"三改造"。在确保安全的前提下积极有序发展核电。在储能方面，加速储能体系规模化建设，加快建成一批建设条件好、前期工作深、综合效益优的抽水蓄能电站。力争到 2030 年，新型储能进入全面商业化阶段，核心技术装备自主可控，技术创新和产业水平稳居全球前列。新型储能与电力系统各环节深度融合发展，基本满足构建新型电力系统需求，确保能源领域碳达峰目标如期实现。

二是着力增强新能源矿产供应能力。加大国内新能源矿产资源勘探开发力度，将关键战略性新兴矿产资源纳入勘查重点，尽快摸清短缺矿产资源家底，发挥体制优势，集中力量全面加强新疆、内蒙古、青海、四川等富集矿产地的勘查，不断"增储上产"，满足风电、光伏、动力电池、智慧电网等技术和装备对新能源矿产日益增加的需求，保障新能源矿产供应安全。加强新能源矿产资源"矿山生产—冶炼—材料—装备制造—循环利用"全产业链条的商业储备体系，适度开展矿产地储备和矿山产能储备，加强替代资源和替代技术研究，引导有限资源的高效利用。研究制定应急预案和底线方案，确立应急状态下的使用时序安排，健全商业储备与战略储备体系。建立健全监测评估预警机制，跟踪评估中国关键战略性新兴矿产需求和供应前景。

强化能源开发利用生态环境安全。一是积极推动能源绿色开发利用。加大矿区生态环境修复与治理，加快绿色矿山建设。绿色矿山建设取得明显成效，充填开采、保水开采、煤与瓦斯共采、无煤柱开采等绿色开发技术在矿区得到大规模推广应用；加强煤炭储运、转运等标准化体系研究，推动煤炭智慧绿色物流标准化建设。继续推进煤电行业实施节能降耗改造、供热改造和灵活性改造"三改联动"，探索发展煤与生物质耦合发电，推动新能源与煤电深度融合发展。推进油气勘查开发与光伏发电、风电、水电、地热、核能、氢能等其他绿色能源资源协同布局，实施油气勘探开发利用技术、新能源技术与新一代信息技术协同创新，推动油气与其他绿色能源在生产、输配、利用等环节进行因地制宜的、低成本的相互嵌入，实现能源供应更高质量、系统运行更加协调、资源利用更有效率，石油—炼化全产业链各个环节能效水平显著提升，碳排放强度明显下降，绿色低碳发展能力继续增强。

二是基本建成农村绿色用能体系。坚持以绿色低碳为目标构建农村现代能源体系，稳步提升风电、太阳能、生物质能、地热能等非化石能源占农村能源的比重。建设规模化生物质热电联产项目、生物天然气项目、生物质热解气化项目、生物质液体燃料项目；实施区域有机废弃物集中处理沼气生物天然气项目、园区型"养殖—沼气—种植"项目和农户庭院型沼气项目；在种植养殖大县开展生物天然气示范，稳步推进生物质能多元化开发利用，基本形成绿色低碳的农村生活方式。稳妥有序推进北方农村地区清洁取暖，力争到 2025 年，国家大气污染防治重点区域试点县平原地区实现炊事、取暖和农业散煤基本清零，力争在 2030 年实现散煤全部被替代。因地制宜推广以农林生物质、生物质成型燃料等为主的大中型生物质锅炉集中供暖模式，开展"风光＋蓄热电锅炉"及"离网型光伏发电＋蓄电池供电"等供暖模式，逐步构建多能互补的清洁供暖体系，不断提高清洁能源在农村取暖用能中的比重。

巩固能源国际来源多元化格局。一是努力扩大能源领域高水平开放合作。坚持共商共建共享，推动基础设施建设互联互通，扩大油气贸易和投资合作，加强风电光伏、智能电网、储能、和平利用核能、新能源汽车等清洁低碳能源技术合作，构建能源立体合作新格局。继续推进能源领域制度性开放，欢迎国际企业参与中国能源低碳转型和高质量发展。积极参与全球能源治理，建设运营好"一带一路"能源合作伙伴关系。用好中国—阿盟、中国—非盟、中国—东盟、中国—中东欧、亚太经合组织可持续能源中心等区域合作平台，扎实推进能源务实合作。加强对重要海外资源基地、过境地、关键输运节点所在国的战略投资与人才交流。开展动态预测预警，分析重大事件可能影响的供应环节和程度，做好应急处置预案，形成关键矿产监测预警报告制度。对于风险较大地区，通过政治、外交等多种手段，保障中国海外矿业投资的资产和人员安全。

二是稳固油气与新能源矿产多元进口格局。强化与石油输出国组织（OPEC）及成员国、上海合作组织（SCO）及成员国、东南亚国家联盟（ASEAN）及成员国的多边和双边合作，巩固油气进口基本盘；通过坚韧的产业链、供应链来稳固石油进口安全，用好中国石油炼化产能全球第一的优势，不断向下游延伸产业链，丰富石化产品国产化谱系和国际供应能力，持续提升重要化工原材料的国际竞争力。统筹制定和实施全球战略，全产业链打造中国战略性新兴矿产产业，持续推进"一带一路"建设，扩大与锂、钴、镍、铝、铜等矿产资源国的合作与交流，巩固与国际主要资源来源地的关系，提升新能源矿产的进口安全保障水平。借鉴已有的海外并购成功经验，强化关键战略性新兴矿产海外投资、全球采购政府指导和行业协会协调，建立和完善能源、资源、产业、经济、外交等多部门协调机制，统筹提升安全供给和保障能力，不断增强对油气资源和新能源矿产的全球影响力、把控力。

结　语

当前，世界百年未有之大变局加速演进，全球能源供需版图深度调整，提升新时代中国能源安全供给能力，支撑新型能源体系建设，对于保障国家能源安全，推动实现经济社会高质量发展具有重要意义。

新时代中国能源供给安全内涵主要在统筹利用好国内国际两个市场两种资源，既要坚持立足国内，把国内能源供应作为保障能源安全的主渠道；还要加强国际合作，深化与周边国家或区域能源合作，着力构建多元能源供应体系。完善能源基础设施建设，提升能源安全供应能力，建成安全高效、清洁低碳的能源供应体系，实现开放条件下的国家能源安全。新时代中国能源供给安全主要包括传统能源资源保障安全、新能源资源保障安全、生态环境安全和能源价格安全。

党的十八大以来，中国能源安全供给保障成效显著，能源生产能力不断提高、能源结构不断优化，供应基地建设持续推进、清洁低碳化水平明显提高，智能化得到长足发展、终端能源供应灵活性不断增加，输配储运能力稳步提升、安全保供韧性持续增强。这有力保障了我国能源系统绿色低碳转型发展和供应安全。新时代中国能源安全供给保障路径包括全面提升能源安全保障水平、稳步推进新型电力系统建设、强化能源开发利用生态环境安全、巩固国际来源多元化格局等。

参考文献

鲍仁：《〈"十四五"现代能源体系规划〉：适时推动成品油、天然气等期货交易》，《期货日报》2022 年 3 月 23 日。

郭焦锋：《天然气替代：改善环境质量的根本之策》，《绿叶》2017 年第 5 期。

郭焦锋：《"十三五"，稳步发展》，《中国石油石化》2020 年第 23 期。

国务院新闻办公室：《新时代的中国能源发展》白皮书，2020 年。

国家发改委、国家能源局：《"十四五"现代能源体系规划》，2022 年。

国务院发展研究中心：《中国能源革命进展报告　能源供给革命（2022)》，冶金工业出版社 2022 年版。

何海清、范土芝、郭绪杰：《中国石油"十三五"油气勘探重大成果与"十四五"发展战略》，《中国石油勘探》2021 年第 1 期。

康艳兵、熊小平、赵盟：《欧盟绿色新政要点及对我国的启示》，《中国发展观察》2020 年 Z5 期。

李晶晶、杨富强：《采取有效措施 抑制 2017 年工业煤耗上升》，《中国能源》

2017 年第 9 期。

李月清：《天然气市场趋于宽松 保障能力大幅提升》，《中国石油企业》2020 年 Z1 期。

李全生、张凯：《我国能源绿色开发利用路径研究》，《中国工程科学》2022 年第 1 期。

马旭军、张志华：《建立山西煤炭战略储备机制》，冶金工业出版社 2007 年版。

舒印彪：《坚持"两线""两化"发展战略 助力构建清洁低碳、安全高效能源体系》，《中国电力企业管理》2019 年第 10 期。

苏楠：《把握新发展格局奋进经济新目标》，《中国新时代》2021 年第 1 期。

王国法：《"双碳"目标下，煤炭工业如何应对新挑战》，《中国煤炭报》2021 年 9 月 23 日。

王国法、富佳兴、孟令宇：《煤矿智能化创新团队建设与关键技术研发进展》，《工矿自动化》2022 年第 12 期。

谢玉洪：《中国海油近海油气勘探实践与思考》，《中国海上油气》2020 年第 2 期。

徐士林、彭知军：《推进天然气大用户直供的政策分析及建议》，《城市燃气》2020 年第 7 期。

《中国工程院院士谢克昌：立足国情，走好具有中国特色的煤炭清洁高效利用之路》，见 http://www.ccin.com.cn/detail/d23ab1438b3b14de0404e4d1e0a7c01d/news，2022 年 6 月 1 日。

章凯、陈博：《"多能互补"技术发展与应用》，《科技和产业》2018 年第 11 期。

中电联输配电价调研课题组：《我国输配电价改革若干问题及政策建议》，《中国电力企业管理》2018 年第 31 期。

周立明、韩征、任继红：《我国石油天然气探明储量现状及变化特点》，《中国矿业》2019 年第 9 期。

朱昌海：《我国乙烯业快速发展未来可期》，《中国石油企业》2019 年 Z1 期。

赵勇强、钟财富、李海：《2021 年非化石能源发展形势分析与 2022 年展望 非化石能源发展：新动能、新突破和新挑战》，《中国能源》2022 年第 3 期。

曾贤刚、余畅、孙雅琪：《中国农业农村碳排放结构与碳达峰分析》，《中国环境科学》2023 年第 4 期。

第十一讲　国家安全体系中的国民安全探析

刘跃进[*]

2014 年 4 月 15 日，习近平总书记在十八届中央国家安全委员会第一次全体会议上首次提出总体国家安全观重大战略思想。这是以习近平同志为核心的党中央对国家安全理论的重大创新，是新形势下维护和塑造中国特色国家安全的行动指南，具有重大的理论意义、时代意义、实践意义。

"中国特色社会主义进入新时代，我国社会主要矛盾已经转化为人民日益增长的美好生活需要和不平衡不充分的发展之间的矛盾。"① 新时代我国社会主要矛盾的变化和定位，不仅决定了新时代的新发展格局，而且决定了新时代的新安全格局。如同国家发展从根本上是要满足人民日益增长的美好生活需要一样，维护国家安全从根本上讲也

---

* 刘跃进，国际关系学院国家安全学院教授，智慧警务与国家安全风险治理重点实验室研究员。

① 习近平：《决胜全面建成小康社会　夺取新时代中国特色社会主义伟大胜利——在中国共产党第十九次全国代表大会上的报告》，人民出版社 2017 年版，第 11 页。

是要满足人民美好生活需要之一的"安全"需要。人民群众的美好生活需要和安全需要，既是国家发展的目标和目的，也是国家安全的目标和目的。新时代社会主要矛盾的新定位，一方面把"安全"需要纳入人民美好生活需要，另一方面也为新时代国家安全工作提出了新任务，即保障人民安全和人民美好生活的安全。

习近平总书记关于总体国家安全观的重要论述中，既使用"人民安全"一词，强调"以人民安全为宗旨"①，又使用"国民安全"一词，强调"既重视国土安全，又重视国民安全"②。据此，本文根据国家安全理论的普遍性要求，除引文外一般使用"国民安全"一词。

总体国家安全观：以人民安全为宗旨的国家安全价值观

人民安全：国家总体安全中的宗旨要素和首要安全。2014 年 4 月 15 日，习近平总书记在十八届中央国家安全委员会第一次会议上首次提出总体国家安全观。总体国家安全观一方面通过其明显的"总体性"实现了对国家安全问题全面、系统的科学认识，另一方面通过其深刻的"人民性"实现了对传统国家安全理念的突破，确立了国家安全核心价值观。习近平总书记指出，"必须坚持总体国家安全观，以

①　参见《习近平主持召开中央国家安全委员会第一次会议强调　坚持总体国家安全观　走中国特色国家安全道路》，《人民日报》2014 年 4 月 16 日。
②　参见《习近平主持召开中央国家安全委员会第一次会议强调　坚持总体国家安全观　走中国特色国家安全道路》，《人民日报》2014 年 4 月 16 日。

人民安全为宗旨，以政治安全为根本，以经济安全为基础，以军事、文化、社会安全为保障，以促进国际安全为依托，走出一条中国特色国家安全道路"。①

党的二十大报告提出："我们要坚持以人民安全为宗旨、以政治安全为根本、以经济安全为基础、以军事科技文化社会安全为保障、以促进国际安全为依托"。②"以人民安全为宗旨"是总体国家安全观恒定不变的重要内容，人民安全在国家安全中的首要地位不可动摇。随着国家安全形势的变化，总体国家安全观不断丰富发展，但人民安全在所有国家安全要素中极端重要的地位从未改变。

既重视国土安全，又重视国民安全。习近平总书记主持召开十八届中央国家安全委员会第一次会议时明确指出，贯彻落实总体国家安全观，必须"既重视国土安全，又重视国民安全，坚持以民为本、以人为本，坚持国家安全一切为了人民、一切依靠人民，真正夯实国家安全的群众基础"③。

"既重视又重视"的表述，后来逐渐发展为"统筹"，但总体国家安全观的相关重要论述中一直将"国土安全"与"国民安全"对应，党的二十大报告强调统筹"国土安全和国民安全"。如果说"既重视

---

① 《习近平主持召开中央国家安全委员会第一次会议强调 坚持总体国家安全观 走中国特色国家安全道路》，《人民日报》2014 年 4 月 16 日。

② 习近平：《高举中国特色社会主义伟大旗帜 为全面建设社会主义现代化国家而团结奋斗——在中国共产党第二十次全国代表大会上的报告》，人民出版社 2022 年版，第 52 页。

③ 《习近平主持召开中央国家安全委员会第一次会议强调 坚持总体国家安全观 走中国特色国家安全道路》，《人民日报》2014 年 4 月 16 日。

国土安全，又重视国民安全"强调的是对国土安全之外的国民安全的特别关注和重视，那么统筹"国土安全和国民安全"的表述则是对国土安全和国民安全之间的关系作出了更为系统精准的诠释，一方面体现了国民安全是国家安全的根本目的，另一方面体现了国家安全领域更广泛存在的"物"与"人"的关系。总体国家安全观既重视"物安全"又重视"人安全"，而且"人安全"对"物安全"具有目的意义上的优先性和重要性，即国民安全相对于国土安全、政治安全、经济安全等要素具有更为显著的宗旨性和目的性。

国家安全工作归根结底是保障人民利益。总体国家安全观"以人民安全为宗旨"中的"宗旨"一词，在汉语中原本指宗教教义，也指主要思想或意图、主意等，现代汉语常指行事的目的之所在，也即根本目的。因此，强调"以人民安全为宗旨"，其实就是强调各项国家安全工作都要把人民安全、人民利益作为根本目的。

2017 年 2 月 17 日，习近平总书记在主持召开国家安全工作座谈会时强调："国家安全涵盖领域十分广泛，在党和国家工作全局中的重要性日益凸显"，"要加强交通运输、消防、危险化学品等重点领域安全生产治理，遏制重特大事故的发生"，[①] 把交通运输、消防、危险化学品等领域的安全纳入国家安全和国家安全体系之中，进一步强化了总体国家安全观的"总体性"。同时，习近平总书记强调："国家安全工作归根结底是保障人民利益，要坚持国家安全一切为了人民、一

---

① 《习近平主持召开国家安全工作座谈会强调　牢固树立认真贯彻总体国家安全观　开创新形势下国家安全工作新局面》，《人民日报》2017 年 2 月 18 日。

切依靠人民，为群众安居乐业提供坚强保障"，① 进一步强化了总体国家安全观的"人民性"。

国家安全是民族复兴的根基，社会稳定是国家强盛的前提。党的二十大报告强调"以人民安全为宗旨"②，坚持国家安全一切为了人民、依靠人民。无论国内外环境发生何种变化，"坚持人民至上、生命至上，把保护人民生命安全摆在首位"的目标始终不变，人民安全始终被置于国家安全各要素中极端重要的核心地位，这是中国共产党长期执政、国家长治久安的价值基础。人民利益特别是人民安全利益，是国家利益的核心内容；在总体国家安全观中，人民安全利益以及其他各方面人民利益的安全，也是国家安全的核心要素。国家发展，归根结底是要不断提升人民利益，不断满足包括人民安全在内的人民日益增长的各方面需要；国家安全，归根结底是要保障人民安全及人民各方面利益安全。人民安全和人民利益是国家发展和国家安全的最终目的。

国民安全在国家安全体系中的首要地位

理论与实践的新任务：健全现代化国家安全体系。党的二十大报

---

① 《习近平主持召开国家安全工作座谈会强调　牢固树立认真贯彻总体国家安全观　开创新形势下国家安全工作新局面》，《人民日报》2017 年 2 月 18 日。

② 习近平：《高举中国特色社会主义伟大旗帜　为全面建设社会主义现代化国家而团结奋斗——在中国共产党第二十次全国代表大会上的报告》，人民出版社 2022 年版，第 52 页。

告中将国家安全作为单独一部分作了系统论述，提出了"推进国家安全体系和能力现代化"和"健全国家安全体系"的重大任务。

关于"健全国家安全体系"，党的二十大报告强调："坚持党中央对国家安全工作的集中统一领导，完善高效权威的国家安全领导体制。强化国家安全工作协调机制，完善国家安全法治体系、战略体系、政策体系、风险监测预警体系、国家应急管理体系，完善重点领域安全保障体系和重要专项协调指挥体系，强化经济、重大基础设施、金融、网络、数据、生物、资源、核、太空、海洋等安全保障体系建设。健全反制裁、反干涉、反'长臂管辖'机制。完善国家安全力量布局，构建全域联动、立体高效的国家安全防护体系。"①

现代化国家安全体系内容广泛、纷繁复杂，包括不同方面不同层次的具体体系，同时也包括统领全局的国家安全总体系，在这个总体系中科学定位国民安全尤为重要。贯彻落实党的二十大报告关于健全现代化国家安全体系的精神，需要在构建现代化国家安全总体系的同时，进一步构建国家安全子体系，如国家安全制度体系、国家安全法治体系、国家安全战略体系、国家安全政策体系等，以及涵盖不同国家安全要素的安全体系，如经济安全体系、金融安全体系、网络安全体系、数据安全体系、生物安全体系、资源安全体系、核安全体系等，当然也需要构建具体的国民安全体系。

① 习近平：《高举中国特色社会主义伟大旗帜　为全面建设社会主义现代化国家而团结奋斗——在中国共产党第二十次全国代表大会上的报告》，人民出版社 2022 年版，第 53 页。

"四面一体"的国家安全总体系。从世纪之交提出国家安全学构想以来，我们一直在努力构建一个系统化的国家安全体系，而且一直把国民安全置于这个国家安全体系中的首要地位。

2004年笔者撰写出版的《国家安全学》一书，在界定国家安全学这门新兴学科时指出："国家安全学是从总体上研究国家安全、影响国家安全的因素、危害国家安全的因素以及国家安全保障问题等方面的基本现象，揭示国家安全及其相关方面的本质和规律，探寻合理的国家安全观和国家安全战略，最终服务于国家安全现实的综合性实用型政治科学。"① 由此，初步提出了一个包括国家安全、影响国家安全的因素、危害国家安全的因素和国家安全保障问题的"四面一体的国家安全总体体系"。

当前，根据总体国家安全观"坚持以人民安全为宗旨、以政治安全为根本、以经济安全为基础、以军事科技文化社会安全为保障、以促进国际安全为依托"的要求，可将人民安全(国民安全)、政治安全、经济安全、军事安全、科技安全、文化安全、社会安全，以及国土安全、信息安全、生态安全、资源安全，共11个国家安全基本要素列为国家安全总体系的第一个方面，同时将影响国家安全的因素列为第二个方面，将危害国家安全的因素列为第三个方面，将国家安全保障体系列为第四个方面，构建一个与总体国家安全观相适应的"四面一体国家安全总体系"。

在关于国家安全学的概念界定相关问题和"四面一体国家安全体

---

① 刘跃进主编：《国家安全学》，中国政法大学出版社2004年版。

系"中，各种影响国家安全的因素（如国土面积、国民素质、时代主题等）、危害国家安全的因素（如疫情、外部入侵、恐怖袭击等）和国家安全保障问题（如军事建设、情报工作、外交活动等）与国家安全本身是有严格区分的。而且根据总体国家安全观的精神实质，国民安全被置于包括政治安全、经济安全、军事安全等在内的国家安全所有要素之首。由此，其一方面初步实现了对国家安全问题系统性、总体性的科学认识，另一方面在国家安全领域确立了一种以人民安全为宗旨的国家安全价值观。

在这种科学认识中，人们通常所说的"国土是国家安全""政治是国家安全""军事是国家安全""恐怖主义是国家安全""国家安全战略是国家安全"等，都不再是国家安全学理论的科学命题。相关的准确说法是："国土是影响国家安全的因素，只有国土安全才是国家安全的内容或构成要素"；"政治是影响国家安全的因素，只有政治安全才是国家安全的内容或构成要素"；"军事是保障国家安全的手段，只有军事安全才是国家安全的内容或构成要素"；"恐怖主义是危害国家安全的因素，反恐是保障国家安全的活动"；"国家安全战略是保障国家安全的战略规划"。

同样，国家安全体系中的"国民""国民素质"等，严格来说都只是影响国家安全的因素，不属于国家安全本身的内容，不是国家安全的构成要素。只有"国民安全"，才是国家安全的构成要素。

国民安全的首要地位、核心地位。国民安全不仅是国家安全的构成要素，而且是国家安全的第一要素、核心要素、目的性要素。早在2000年发表的《国民安全与国家安全》和2004年出版的《国家安全学》

中，笔者就提出了关于国民安全在国家安全体系中地位问题的两个重要命题："国民安全是国家安全的核心""国民安全是国家安全活动的根本目的"。

在由此确立的"国民安全是国家安全的核心"和"国民安全是国家安全工作的根本目的"的国家安全价值观中，包括政治安全、军事安全、经济安全等在内的其他所有安全要素，都是围绕国民安全这一核心要素的外围屏障，是实现国民安全这一最终目的的不同工具和手段。也就是说，如果把国家安全各要素看作是一个同心圆，那么居于其最中心的那个圆是国民安全，包括国土安全、政治安全、经济安全等在内的其他安全要素都是不同程度的外围圆。如果把国家安全各要素看作是一个由目的和手段构成的链条，那么处于这个"目的—手段"链条最终目的地位的是国民安全，包括国土安全、政治安全、经济安全等在内的其他安全要素都是不同性质的手段和工具，是这个链条上的某一环节中的目的，例如，在经济安全与政治安全的这个环节上，政治安全是为经济安全服务的。

国民安全体系涵盖的广泛内容

从生命安全到身体安全。国家安全，首先是国民安全；国民安全，首先是国民生命安全。

当代国家安全体系中国民安全的内容非常丰富，在国民安全丰富的内容中，国民的生命存在是整个国民安全的物质载体和基础，离开了肉体生命，国民安全的其他方面都将无所依附，也都将化为乌有。因此，国民生命安全是国民最基本的安全，是整个国民安全的生理物质基础。

从生命到荣誉：个体性国民安全

长期以来，党和政府十分重视人民群众的生命财产安全，而且特别重视人民群众的生命安全。生命安全是国民安全的首要内容，也是整个国民安全的物质基础。没有这个物质基础或载体，国民其他方面的安全便无法存在。保障国民生命安全始终是政府工作特别是政府国家安全工作的重要内容。

人的生死，是国民生命安全直接面对的问题。生死之外，没有性命之虞的情况下，人还要面对身体健康与身体完整的问题，这是在生命安全之外的国民身体安全问题。如果说生命安全表现出来的是人活着，那么身体安全表现出来的则是身体健康和完整（即健全）。病和残是身体不安全的两种表现，维护国民身体安全，就是使国民身体保持免于病残的健康完整状态。

不管是生命安全，还是身体安全，都属于生理安全。生理安全从人的自然属性出发，是人的基本生理状态得以维持的有保障、受保护状态。按照一般分类，生理安全与心理安全、精神安全相对应，分别指向国民安全的物质基础和精神载体。

心理安全与精神安全。如果说身体安全是国民自身物质基础的安全，那么国民安全还包括在这个物质基础上形成的精神及精神安全；如果身体安全承载是国民有形的生理安全，那么国民安全还包括与生理安全对应的无形心理安全。

在精神安全方面，名誉安全具有其特殊的重要性。如果说身体和生命是人的物质性存在，那么名誉就是人的精神性存在。由于传统观念和传统安全观都更重视人的物质性的身体安全和生命安全，而忽视人的精神方面的安全，因而过去在人民利益、人民安全这个问题上，生命安全和身体健康常被强调，而名誉安全和精神健康很少被提及。在非传统的总体国家安全观和非传统安全思维中研究国民安全，不仅要把生命安全、身体安全作为国民安全的首要内容，还要将心理安全、精神安全、名誉安全等纳入国民安全的重要内容。

行为安全与言论安全。人不是静态存在，而是动态存在。在静态观察中，人的安全有两个物质性层次，即生理安全和身体安全，也有两个精神性层次，即心理安全和精神安全，其中心理安全对应生理安全，精神安全对应身体安全；在动态观察中，人的安全也有两个层次，行为安全和言论安全。

行为安全是人的各种活动不受威胁危害的状态，言论安全是人的各种言语表达不受威胁危害的状态。这是包括我国在内的所有现代民主国家宪法所予以保障的人身自由和言论自由。

个体安全与群体安全。正如笔者在 2004 年出版的《国家安全学》指出的，国民安全可以从"群体与个体"的角度分为国民群体安全和国民个体安全。传统安全观比较重视国民群体安全，但随着人类社会的发展进步，国民个体安全的重要性更应该被强调。在国家安全学理论研究和学科建设中，需要把国民群体安全和国民个体安全作为国民安全的重要内容进行深入研究。国家安全归根到底是国民安全，国民安全归根到底是一个个具体的人的安全，每个国民的安全都是整个国民安全和总体国家安全不可分割的组成部分。在总体国家安全观体系中，每一个国民的安全都是国家安全不可分割的有机组成部分，任何一个国民的安全都会对总体国家安全产生不同程度的影响。这种不同于以往的认知和理解，可以说是非传统安全观与传统安全观的区别，也可以说是现代国家安全观与前现代化国家安全观的区别。

每一个国民的安全都是国家安全不可分割的组成部分

在群体安全中，基于群体视角划分的不同群体的安全，在国民安全中具有不同的地位和作用。在封建时代，人常常被分为"官"和"民"两大群体，而且对这两大群体的安全问题有不同的关注。虽然封建统治者口头上常说"民重官轻"，但实际上是官重民轻。与此不同，马克思主义唯物史观在对"英雄"与"群众"的划分中，强调人民群众这个群体的重要性。总体国家安全观也特别强调普通民众群体安全即"人民安全"的重要性。此外，保障国民安全还需特别关注社会中"弱势群体"的安全。弱势群体既包括社会地位上的弱势，也包括生理身体上的弱势，如婴幼儿群体、身体心理伤残群体、老年群体等，其中，婴幼儿群体的安全具有特殊的重要性。如果说从整个国家安全的角度看，国民安全是国家安全的核心和最终目的，国民生命安全是国民安全的重中之重，那么从身体、生理、心理成熟度上看，婴幼儿群体安全则是国民安全中需要给予特别关心和重视的国家安全的重中之重。

质量安全与数量安全。在群体和个体之外，数量和质量也是划分国民安全的一个重要角度。从这一角度出发，国民数量安全和国民质量安全也是国民安全的具体内容。保持一定数量的国民始终是国家安全的一个重要条件。国民数量安全不仅是国民安全和国家安全的构成要素和内容，而且是影响国家安全的重要因素。国民数量无论过多还是过少，都会对国家安全产生不利影响。因此，保持适当的国民数量即人口规模，是国民安全和国家安全的重要内容。与此相对应，国民质量安全即国民素质安全，是国民安全另一方面的内容，而且其本身又包括非常丰富的内容，例如，国民身体质量或身体素质安全、国民文化质量或文化素质安全、国民精神质量或精神素质安全、国民心理质量或心理素质安全等。

影响国民安全的重要因素

四面一体：从国家安全体系到国民安全体系。如前所述，现代化国家安全体系既包括国家安全总体系，也包括国家安全众多子体系，国民安全体系是现代化国家安全体系中不可或缺的一个重要子体系。

在国家安全总体系中，国民安全是国家安全的第一构成要素，但国家安全总体系所直接包含的是影响国家安全的因素、危害国家安全的因素和国家安全保障体系，而无法深入具体地展示什么因素会影响国民安全，什么因素会危害国民安全，以及如何全面保障国民安全。为了深入研究国民安全问题、全方位保障国民安全，就需要进一步研究和构建一个国民安全体系。

如果说"四面一体国家安全体系"是一个比较恰当的国家安全总

体系，那么我们完全可以比照构建国家安全总体系的方法，构建一个包括国民安全构成要素、影响国民安全的因素、危害国民安全的因素和国民安全保障体系的"四面一体国民安全体系"（见图 1）。

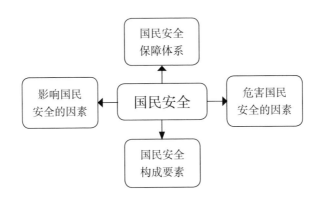

资料来源：作者自制。

图 1 "四面一体国民安全体系"

在国家安全总体系中，国民安全是国家安全的基本构成要素，国民的生命安全、身体安全、心理安全等是国家安全的二级要素，同时还可以从其他不同角度把国民安全的具体内容划分为个体安全与群体安全、质量安全与数量安全、域内安全与域外安全等，这也都是国家安全的二级要素。与此不同，在国民安全体系中，生命安全、身体安全、心理安全、精神安全、行为安全、言论安全、法权安全等，以及个体安全与群体安全、质量安全与数量安全、域内安全与域外安全等，都是国民安全的基本构成要素、一级要素。

在国家安全学理论中深入研究国民安全相关问题，例如，深入研究国家安全总体系中国家安全各个一级要素，国家安全总体系下国民安全子体系中国民安全本身的构成要素等问题时，不仅需要对国民安全进行分类，而且需要对国民安全分类后形成的国民安全基本要素作进一步分类，从而形成国家安全体系中国民安全分支下的国家安全三级要素和国民安全体系中的国民安全二级要素。

例如，对于国民安全中的国民生命安全，可考虑是否可以根据现代医学成果将其分为呼吸安全、脑神经安全等，以及是否可以把身体安全分为头颅安全、身躯安全、内脏安全、五官安全、皮肤安全等。这些内容当然不是国家安全学直接研究的问题，但却是国家安全学必须借用医学、生理学研究成果以完成分类的问题。国家安全学可以根据需要借用生理学或医学有关人的安全和身体生理安全方面的研究成果，对国民安全作进一步的深层分析和分类，并阐释国家安全学领域的相关问题。

在"四面一体国家安全体系"中，国家安全本身及其构成要素是第一个方面，影响国家安全的因素是第二个方面，同样，在"四面一体国民安全体系"中，国民安全本身及其构成要素是第一个方面，影响国民安全的各种因素则是需要进一步讨论的国民安全体系的第二方面内容。

基本生活条件的保障与财产安全。影响国民安全的因素大致可以分为自然因素和社会因素。社会因素既包括一个国家内部的因素，也包括在一个国家之外的各个国家和地区的不同因素。就自然因素而言，不同人所处的不同自然环境、所拥有的自然条件等，都会对自身安全造成或积极或消极的不同程度的影响。影响国民安全的社会因素，则包括个人生活习惯、社会生活条件等。

人的社会生活条件中最基础的，最常与"生命"相提并论的是"财产"。从国家安全的角度看就是"人民生命财产安全"，也就是"国民生命财产安全"，包括"国民生命安全"和"国民财产安全"。无论是维持生命安全还是身体安全，也无论是维护生理安全还是心理安全，都需要一定的外部条件，其中最重要的是外部的物质生活条件，而这些条件的直接表现就是"钱财"或"身外之物"。"钱财"是人生活的物质基础，缺乏必要的物质条件，人的整个身体和生命就难以存续，生命安全就难以保障。由此，国民财产安全不仅是国民生命安全的保障，也是国民安全的重要内容和影响因素。

基本生活条件的提升与食药安全。基本物质生活条件的保障是国民安全的基础，但随着社会的发展进步，国民生活条件与环境的提升和改善也应被纳入国民安全保障的范畴。其中，食品和药品安全的保障和提升是直接关系人民群众生命安全和身体健康的重要内容。

我国在全面建成小康社会的进程中，国民的温饱问题早已从根本上得以解决。在衣食住行等基本生活条件已经得到基本保障的情况下，威胁人民生命安全的主要因素已不再是饥饿和寒冷，而是各种疾病和造成疾病的病毒及细菌。近年来，新冠疫情的暴发及各类食品安全事故都对国民安全造成了极大损害，也从事实上说明疾病、瘟疫、细菌、病毒对国民身体的侵袭和伤害已成为危害国民安全的主要问题。

在生产力低下、战乱频仍的年代，粮食安全是国家安全的重要内容，农业生产是保障国家安全的重要工作，农业生产技术是保障国民安全的重要技术，而在衣食住行等基本生活条件已经具备基本保障及我国社会主要矛盾已经转化的条件下，人民生命安全的主要威胁也发生了变化。因而，保障国民生命安全的支柱性科学技术，也已从为粮棉生产服务的农业生物技术，扩展到为医疗卫生服务的生物制药技术。只有农业生物技术和生物制药技术都得到完善发展，人民生命安全才会得到更高层次的保障，以国民安全为核心的国家安全才会有更深厚的根基与基础。从国家安全理论和实践来说，保障国民安全、保障国家安全，一方面，需要发展国防科技以防范抵御外敌入侵，发展警务科技以防范打击恐怖活动、黑恶势力，发展工农业科技以保障国民的衣食温饱；另一方面，需要从国家安全高度认识生物医药科技的战略地位，不仅要把与国民生命安全直接相关的医疗卫生技术作为国家安全关键技术进行重点研发，而且要把医药安全作为国民安全的重要安全要素纳入国民安全体系和当代国家安全体系。

精神生活条件安全与名誉安全保障。精神生活条件是影响国民安全的另一个重要因素。良好的精神生活环境和条件，可以很好地满足人的心理和精神需要，使人保持积极愉悦的精神心理状态，这在促进国民心理安全和心理健康以及更广泛的精神安全和精神健康的同时，还会进一步促进国民身体和生理健康，更好地保障国民生命安全和身体安全。

相反，不良的精神生活环境和条件，不仅难以满足人的正常心理需要和精神生活需要，还可能对人的心理和精神健康造成不良影响，危害国民心理安全和精神安全，甚至会威胁国民身体安全和生命安全。心理精神疾病状态下的自残和自杀，就是不良心理精神生活和条件导致心理精神疾病后，进而对国民安全造成的严重危害。

为了保障国民心理和精神的安全与健康，也为了保障国民身体和生命的安全，不仅需要为国民创造良好的物质生活条件和环境，还需要为国民创造良好的精神生活环境和条件，不断满足人民群众多样化、多层次、多方面的精神文化需求。

法权安全：国民宪法权利的安全。国民的生命财产安全和名誉荣誉安全，都是国民利益安全，前者可以概括为国民物质利益安全，后者可以概括为国民精神利益安全。在现代民主社会，国民利益在一般的物质利益和精神利益之外，还有宪法和法律赋予的各种政治权利，国民安全也因此包括国民政治权利的安全，即现代民主社会中公民权利的安全。

《中华人民共和国宪法》第二章"公民的基本权利和义务"中不仅强调"国家尊重和保障人权"，而且具体规定了公民的基本权利，如选举权和被选举权，再如言论、出版、集会、结社、游行、示威的自由，以及宗教信仰自由，还有公民的"人身自由不受侵犯""人格尊严不受侵犯""住宅不受侵犯""通信自由和通信秘密受法律的保护"等。以上内容都可视作现代社会国民安全或公民安全的具体内容。

海外安全：海外利益安全和海外国民安全。随着全球化不断深化和公民对外交往的日益频繁，国民安全也不局限于国境线内，而是越来越多地扩展到了全球各地。如果说海外利益安全是当代国家安全的重要内容，那么一个国家海外国民的安全更是国家安全的重要内容。

严格来说，"海外利益安全"概念无法概括"海外国民安全"，因为国民是国家利益的主体而非国家利益本身。尽管现实中提及保护国家海外利益安全时，总是把国民在海外的安全也包括在其中，但从国家安全学理论研究和学科建设的角度来看，特别是考虑到概念的逻辑严谨性和科学性要求，"海外国民安全"无法置于"海外利益安全"概念中。鉴于此，应把"海外国民安全"作为一个与"海外利益安全"

相对应的概念，创建一个能够统合"海外利益安全"和"海外国民安全"的新概念，即"国家海外安全"或"海外存在安全"，这才能真正体现国民安全特别是海外国民安全的特殊地位及其特殊重要性。

国民安全体系与国民安全面临的风险挑战

国民宪法权利面临的风险挑战。前文引用的《中华人民共和国宪法》关于公民权利的条款，不仅涉及国民安全特别是国民宪法权利安全的多方面具体内容，而且也涉及可能威胁危害国民安全的各种风险性因素。例如，关于"人身安全不受侵犯"的法律规定，一方面说明国民人身安全是国民安全的内容之一，另一方面则说明国民人身安全有遭受侵犯的风险。"人格尊严不受侵犯""住宅不受侵犯"等，其实也包括了国民安全内容和国民安全有遭受侵犯的风险这两个方面的内容。国家安全学不仅要研究国民安全包括什么具体内容，还要研究有什么风险因素可能侵犯或威胁国民安全，这样才能为保障国民安全和国家安全提供更具体的方法和路径。

威胁国民安全的自然因素。如同威胁国家安全的因素可以分为自然因素和社会因素，威胁国民安全的因素也可分为自然因素和社会因素，即"天灾"和"人祸"。

就自然因素而言，洪、涝、旱、震、虫、疫、风、火等自然灾害，都会威胁到国民生命财产安全和国民心理安全。这些天灾对国民安全的危害，有些是直接的，例如，洪水、地震、疫情、台风等直接造成的人员伤亡和财产损失；有些则是间接的，例如，涝灾、旱灾、虫灾等造成农作物减产等次生灾害。

当今时代，科学技术突飞猛进、社会生产力迅速发展，但人在大自然面前依然十分渺小。进入 21 世纪以来，包括我国在内的世界各国，因地震、暴雨、洪涝等灾害导致人员伤亡和财产损失的情况仍时有发生，更因新冠疫情等疫病给各国国民生命安全造成了严重伤害。

值得注意的是，许多危害国民安全的自然灾害，其破坏性在许多情况下还因叠加人为因素而进一步加重。例如，2011 年 3 月日本因里氏 9.0 级地震及余震造成重大人员伤亡，而由于福岛核电站设计和管理等方面存在的一系列问题，一座反应堆震后发生异常导致核蒸汽泄漏，这不仅危害到日本国民的安全，还给包括中国在内的一些周边国家的国民安全造成不同程度的威胁和危害。由此可见，核电站的建造和运行，虽然能够为经济社会发展提供丰富的能源，但从某种程度上来看也可能成为威胁国民安全的隐患。此外，自然界存在的天然核辐射，在特定时间和空间也会成为威胁危害国民安全的因素，例如，如果在采矿过程中忽视核辐射问题，会造成高辐射矿物质扩散，人为因素的叠加会加重自然核威胁的强度和广度，从而给国民生命安全造成更严重的威胁和危害。

此外，自然界中毒蛇猛兽、毒植瘴气、细菌病毒等，都是威胁危害国民安全的生物因素。而疫情的传播，外来物种的侵入，转基因、基因编辑等带来的危害与风险，则可视作叠加人为因素对国民安全带来威胁的生物因素。

威胁国民安全的社会因素。除自然因素和自然因素及社会因素交织的复杂情况之外，许多纯社会因素也会威胁国民安全，即单纯的"人祸"。在威胁国民安全的社会性因素中，危害性最大的莫过于战争。无论是外部侵略，还是内部战乱，在战争状态下维护国民生命和财产安全绝非易事。对此，《孙子兵法》有言："兵者，国之大事，死生之地，存亡之道"；"凡兴师十万，出征千里，百姓之费，公家之奉，日费千金；内外骚动，怠于道路，不得操事者，七十万家"。战争，不仅关系国家的生死存亡，更会直接威胁国民生命财产安全。由此，《孙子兵法》提出"慎战"，强调"百战百胜，非善之善者也；不战而屈人之兵，善之善者也""故上兵伐谋，其次伐交，其次伐兵，其下攻城。攻城之法，为不得已"。

除战争风险这类传统安全威胁因素外，暴力犯罪、恐怖袭击、黑恶势力、涉黄涉赌涉毒等违法犯罪活动也是威胁危害国民安全的重要因素。为此，应综合利用现代科技，提升打击和预防违法犯罪行为的能力和水平，切实保障人民生命财产安全。

威胁国民安全的非传统因素。当前，威胁危害国民安全的风险因素繁多且复杂。假冒伪劣食品药品的生产销售行为、违法违规养宠行为、违章违规驾驶行为、企业生产中污染物质的超标排放行为等，在传统安全观和传统安全思维中，都被排除在国家安全的范畴之外。而在非传统安全观特别是总体国家安全观中，这些都应视作国家安全领域的问题，是威胁危害国家安全特别是国民安全的风险因素。

以交通安全为例，在传统国家安全观和传统国家安全思维中，交通安全及交通事故未被列入国家安全风险范畴，做好交通安全工作更不被视作国家安全工作。然而事实上，一个国家交通运输的安全状况直接影响国民生命安全，交通运输事故是直接威胁危害国民生命安全的风险因素，交通运输安全治理或交通安全工作是保障国民生命安全的重要工作。在传统国家安全观中普通群众及其安全是个人问题不是国家问题，是个人安全问题不是国家安全问题，但在现代国家安全理论尤其是总体国家安全观中，每个国民的安全都是国家安全不可分割的一部分，包括交通运输中的国民安全也是国家安全不可分割的一部分。只有理解了"交通运输安全问题也是国家安全问题"，才能真正理解特别重视"国民安全"，强调"以人民安全为宗旨"的总体国家安全观。正如习近平总书记在 2017 年 2 月 17 日召开的国家安全工作座谈会上所强调的："国家安全涵盖领域十分广泛""要加强交通运输、消防、危险化学品等重点领域安全生产治理，遏制重特大事故的发生"。①

把交通运输等领域的安全纳入国民安全，把交通事故等非传统安全风险因素纳入危害国民安全的风险因素之中，不是国家安全概念的"泛化"和"扩大"，而是国家安全概念的"回归"——回归到国家安全的总体性和人民性上。这样的安全观，才是总体安全观，才是"以人民安全为宗旨"的总体国家安全观。

从域内到域外：全方位保障国民安全

无论是揭示国家安全和国民安全的丰富内容，还是探讨影响国家

---

① 《习近平主持召开国家安全工作座谈会强调　牢固树立认真贯彻总体国家安全观　开创新形势下国家安全工作新局面》，《人民日报》2017 年 2 月 18 日。

安全和国民安全的各种因素，以及分析威胁危害国家安全和国民安全的各种风险因素，其目的都是要落实到具体实践中维护国家安全和国民安全。健全现代化国家安全体系、构建"四面一体国家安全体系"的目的就是保障国家安全，"四面一体国家安全体系"从某种程度上来讲也可称作"四面一体国家安全保障体系"。同理，健全现代化国民安全体系，构建"四面一体国民安全体系"，其目的就是要保障国民安全，因而"四面一体国民安全体系"也可称作"四面一体国民安全保障体系"或"当代国民安全保障体系"。

从交通安全工作说起：构建全方位的国民安全保障体系。在传统国家安全观和传统国家安全思维中，交通安全本身不是国家安全的内容，交通安全状况不会影响国家安全，交通安全事故也不是威胁危害国家安全的国家安全风险，做好交通安全工作更不会被认定为国家安全保障工作。在非传统的总体国家安全观理论体系中，国民安全或人民安全成为国家安全的核心和国家安全工作的根本宗旨、最终目的，每个国民的安全都是国家安全不可分割的一部分，交通运输等非传统安全领域的国民安全自然也是国家安全不可分割的一部分。

"加强交通运输、消防、危险化学品等重点领域安全生产治理，遏制重特大事故的发生"①，既说明交通领域、消防领域、危险化学品领域的安全是当代国家安全和国民安全的内容，还说明这些领域存在的各种风险是威胁危害国家安全和国民安全的因素，同时也说明不同

---

① 《习近平主持召开国家安全工作座谈会强调　牢固树立认真贯彻总体国家安全观　开创新形势下国家安全工作新局面》，《人民日报》2017 年 2 月 18 日。

领域安全生产治理是总体国家安全治理不可分割的有机组成部分，做好这些方面的安全治理工作是保障国家安全特别是国民安全的重要环节。

为此，需要把交通运输等领域的安全置于国家安全范围中，认定交通运输等领域的安全是国家安全本身的构成要素，强调交通事故等风险是威胁危害国民生命财产安全的重大风险，进而使强化交通安全治理、提升危险化学品领域安全水平、加强不同领域生产安全等成为保障国民安全和总体国家安全的重要工作，构建一个全要素、全方位的国民安全保障体系。

国民安全保障工作范围广泛：全方位满足国民安全需要。国民安全内容丰富，保障国民安全不应局限于某些领域，而应从各方面全方位展开，其中既包括在交通运输、消防、危险化学品生产等领域保障国民安全，也包括在医疗卫生、生态环境、文化教育、居家生活、社会治安等方面保障国民安全。因此，要推动健全和完善包括重大疾病医疗保险在内的整个医疗保障体系，包括失业保障体系在内的整个社会保障体系，以及从幼儿园到小学中学大学的整个国民教育安全体系，为全方位保障国民安全提供制度保障。此外，还要着眼具体领域精准施策，着力解决就医难和因病致贫返贫问题，提高生活困难群体的社会保障水平，为所有国民提供更加公平公正和机会均等的受教育条件，特别要注重保障包括少年儿童群体在内的弱势群体的安全，进一步提升满足国民全方位安全需要的水平。

落实"以人民安全为宗旨"，切实把保障国民安全放在首位。总体国家安全观提出已经 11 年了，我国国家安全工作和国家安全立法取得了长足进步，人们也常在不同场合根据不同需要讲到"总体国家安全观"这一术语，但是由于传统国家安全观的强大惯性，一些人还是难以真正理解和掌握总体国家安全观，常常自觉不自觉地在非传统的"总体国家安全观"一词下，讲着传统国家安全观的陈旧观念。此外，还存在一些法律条款和规章制度落实总体国家安全观不到位的现象。

贯彻落实总体国家安全观，切实保障国民安全和国家安全，就必须克服传统国家安全观对国家安全的错误认识，切实从理论上深刻理解和把握总体国家安全观"以人民安全为宗旨"的重要思想和"国家安全工作归根结底是保障人民利益"，"既重视国土安全又重视国民安全"的重要论述，并特别注重推动其诉诸实践，指导国家安全工作。

一切安全都是人安全：所有安全都要统一于国民安全。党的十九届四中全会强调："坚持总体国家安全观，统筹发展和安全，坚持人民安全、政治安全、国家利益至上有机统一。"[①]总体国家安全观是一个内容丰富、不断发展的理论体系。随着国内外安全形势的变化，国家安全的要素也不断丰富。但需要强调的是，一切安全最终都是人安全，不仅要坚持人民安全、政治安全、国家利益的有机统一，还必须将人民安全置于首位，坚持以人民安全为宗旨，将所有安全要素统一到人民安全和人民利益上。据此，我们可以把国家安全各要素之间的关系图示如下（见图2）。

---

① 《中共中央关于坚持和完善中国特色社会主义制度　推进国家治理体系和治理能力现代化若干重大问题的决定》，人民出版社 2019 年版，第 30 页。

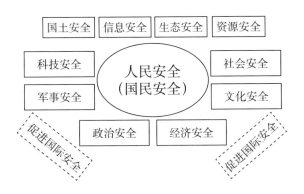

资料来源：作者自制。

图2 国家安全各要素关系示意图

从内政到外交：海外国民安全保障。随着全球化的深入发展，越来越多的国民走出国门。在国民遍布世界各地的情况下，提升保护海外国民安全的能力，给身处异国他乡的中国公民提供更高水平的安全保障，日益成为保障国民安全的一项重要而艰巨的任务。当前，我国国民在海外遇到的安全风险，既包括所在国或所在地的自然灾害和战乱动荡，也包括所在国或所在地的恐怖分子和刑事犯罪分子，甚至是当地政府官员和警察。为此，我们需要深入研究和不断强化海外国民安全保卫工作。一方面，我们要推进中国的安保力量走出去，其中民间的安保企业要发挥主力军的作用。在遵守国际国内相关法律和尊重所在国法律和风俗的前提下，强化我国的域外安全保障力量，有效保护境外的中国公民、企业、设备、资本的安全。另一方面，要不断强化领事保护、民间协作等，推动从不同层面用多种手段全方位保障我国海外国民安全。

从国家安全学学科建设上看，"海外利益安全"多年来一直是一个我国政界、学界及社会上讨论非常广泛的概念，而且人们在使用这个概念时，也常把海外国民的安全问题包括在内，把从战乱动荡的国家和地区撤侨作为保护海外利益安全的重要案例。毫无疑问，海外利益安全、海外国民安全，都是当前我国国家安全的重要内容，谈及海外利益安全时确实也需要关注国民在海外的安全。但是，从学术研究和概念的准确性上讲，应该把"海外国民安全"作为一个与"海外利益安全"对应的概念，同时把它们包含于"国家海外安全"的概念之下。这样，不仅能够更突出"海外国民安全"的重要性，更有利于在"以人民安全为宗旨"的总体国家安全观指导下有效保护我国海外国民的安全，同时也有利于提升国家安全学理论的科学性。

结　语

国家安全要"以人民安全为宗旨"，"国家安全工作归根结底是保障人民利益"。在人民利益和安全这一最终目的面前，国家和国家安全都是服务于人民利益和安全的工具和手段。

人人安全，国家有责；国家安全，人人有责。政府要承担保障国民安全的责任，国民也需要承担维护国家安全的责任，这也就是强调国家安全要一切为了人民，一切依靠人民。改革开放以来，我国经济社会发展迅速，人民生活明显改善，国民安全在许多方面都得到了不同程度的提升。但是，国民安全保障无止境，全方位保障国民安全还有许多亟待改进和提升之处。这就需要我们坚定不移地贯彻落实总体国家安全观，坚持以人民安全为宗旨、以政治安全为根本、以经济安全为基础、以军事科技文化社会安全为保障、以促进国际安全为依托，统筹外部安全和内部安全、国土安全和国民安全、传统安全和非传统安全、自身安全和共同安全，统筹维护和塑造国家安全，健全国家安全体系，增强维护国家安全能力，建设更高水平的平安中国，以新安全格局保障新发展格局。

参考文献

习近平：《高举中国特色社会主义伟大旗帜　为全面建设社会主义现代化国家而团结奋斗——在中国共产党第二十次全国代表大会上的报告》，人民出版社2022年版。

习近平：《决胜全面建成小康社会 夺取新时代中国特色社会主义伟大胜利——在中国共产党第十九次全国代表大会上的报告》，人民出版社2017年版。

刘跃进主编：《国家安全学》中国政法大学出版社2004年版。

《习近平主持召开国家安全工作座谈会强调　牢固树立认真贯彻总体国家安全观　开创新形势下国家安全工作新局面》，《人民日报》2017年2月18日。

《习近平主持召开中央国家安全委员会第一次会议强调　坚持总体国家安全观　走中国特色国家安全道路》，《人民日报》2014年4月16日。

《中共中央关于坚持和完善中国特色社会主义制度　推进国家治理体系和治理能力现代化若干重大问题的决定》，人民出版社2019年版。

第十二讲　新时代网络安全的发展趋势、面临挑战与对策建议

单志广 *

国家安全工作是党治国理政一项十分重要的工作。2014 年，习近平总书记创造性提出总体国家安全观，涵盖政治、军事、经济、文化、网络等诸多领域，为新时代国家安全工作指明了方向。当前，百年变局和世纪疫情交织叠加，国际环境日趋复杂，我们面临的国家网络安全问题的复杂程度、艰巨程度明显加大。2018 年，习近平总书记在全国网络安全和信息化工作会议上强调："没有网络安全就没有国家安全，就没有经济社会稳定运行，广大人民群众利益也难以得到保障。"① 深入推进国家网络安全治理相关问题研究具有重要

---

* 单志广，国家信息中心信息化和产业发展部主任、智慧城市发展研究中心主任，未来产业和平台经济研究中心主任、研究员，国家大数据发展专家咨询委员会秘书长。国家信息中心未来产业和平台经济研究中心副秘书长、清华大学创新领军工程博士研究生徐凌验，国家信息中心信息化和产业发展部李春香博士对本文亦有贡献。

① 《习近平在全国网络安全和信息化工作会议上强调　敏锐抓住信息化发展历史机遇　自主创新推进网络强国建设》，《人民日报》2018 年 4 月 22 日。

现实意义。

新时代网络安全的重要意义

筑牢可信可控数字中国安全屏障的重要保障。一是网络安全是数字中国建设的重要基础。2023 年，《数字中国建设整体布局规划》明确提出，"筑牢可信可控的数字安全屏障"。一个强大而高性能的网络，是保障数字中国发展的重要基础。二是网络安全成为数字经济安全的重要内容。安全是发展的前提和保障。加快推进数字中国建设，必须切实维护网络安全。数字经济的高速增长放大了网络安全风险，带动网络安全需求激增。打通数据壁垒、消除数据孤岛、挖掘数据最大价值，成为各类组织机构新的业务需求。在保障网络安全的前提下，充分利用数据资源，使数据价值最大化，已然成为政府、企业数字化转型和推动数字经济高质量发展的关键。

以新安全格局保障新发展格局的战略需求。一是网络安全是新安全格局的关键组成。党的二十大报告提出，"以新安全格局保障新发展格局"，"强化经济、重大基础设施、金融、网络、数据、生物、资源、核、太空、海洋等安全保障体系建设"[1]，是新征程上顺应世界之

---

① 习近平：《高举中国特色社会主义伟大旗帜　为全面建设社会主义现代化国家而团结奋斗——在中国共产党第二十次全国代表大会上的报告》，人民出版社2022 年版，第 52—53 页。

变、时代之变、历史之变的必然要求。二是网络安全是新发展格局不可或缺的重要保障。一方面，我国网络安全制度体系不断完善，《中华人民共和国网络安全法》《中华人民共和国数据安全法》等法律相继颁布，《关键信息基础设施安全保护条例》《网络安全审查办法》等规范性文件陆续出台，依"法"保障网络安全的"四梁八柱"逐渐成型。另一方面，网络安全已成为新时代我国面临的复杂挑战。2023年4月，中国网络安全产业联盟发布报告，披露了2010年以来曝光的十余起美国情报机构实施网络攻击、开展网络监控及窃密、泄露扩散网络攻击武器和工具的案例①，网络安全复杂多变、日益严峻。面对安全风险交织叠加的新形势，必须统筹兼顾、综合施策、提前预判，系统部署。

推动国家安全体系和能力现代化建设的必要条件。一是筑牢网络安全防线事关国家安全和社会稳定。当今时代，网络空间战略博弈和安全斗争的内容与形式进一步复杂化，筑牢网络安全防线刻不容缓。网络空间不仅成为各类网络攻击与安全威胁的第一战场，也是推进社会治理的重要场域。二是网络安全是信息化协同发展的必要条件。"现代化"作为一个具有历史性、不断发展的概念，其核心要求经历了从工业化向信息化的关键转变。随着信息技术的普及和应用，现代化的重心逐渐向信息化领域转移。习近平总书记强调，"网络安全和信息

---

① 参见《中国网络安全产业联盟发布报告，披露了2010年以来曝光的十余起美国情报机构实施网络攻击、开展网络监控及窃密、泄露扩散网络攻击武器和工具的案例，外交部回应》，2023年4月12日，见 https://baijiahao.baidu.com/s?id=1762977246545692645&wfr=spider&for=pc。

化是一体之两翼、驱动之双轮"。① 信息化为我国抢占新一轮发展制高点、构筑国际竞争新优势提供了有利契机，需要统一谋划和部署。网络安全为信息化协同发展提供了有力保障。

网络安全的演进及新时代发展趋势

网络安全的演进。新中国成立以来，随着时代发展、技术进步，我国网络安全的发展不断深化（见表1）。早期网络安全措施主要集中在访问控制。20世纪70—80年代，重要的安全问题是限制计算机的访问权限，弱密码和简单访问控制方式容易受到黑客攻击。随着互联网快速普及，20世纪90年代，防火墙成为网络安全的重要组成部分。2000年初，网络攻击变得普遍复杂，加密技术、虚拟专用网络（VPN）、网络流量分析等新安全防御方式出现。党的十八大以来，网络安全宏观布局不断强化，网络治理法治化、科学化水平不断提升，网络安全的防线越来越牢固。

表 1　网络安全大事记

时间	重大事件	重要意义
1987 年 9 月 14 日	王运丰教授和李澄炯博士等中国科学家在北京计算机应用技术研究所（ICA）创建第一个电子邮件节点，向德国发出了中国第一封电子邮件	中国互联网发展史的开端

① 陈鲸：《为网络安全保驾护航》，《智慧中国》2021 年第 11 期。

续表

时间	重大事件	重要意义
1988 年	1988 年发现小球病毒，当计算机系统时钟处于半点或整点，且系统在进行读盘操作即可触发，此时屏幕出现一个活蹦乱跳的小圆点进行斜线运动，当碰到屏幕边沿或者文字就立刻反弹，同时削去碰到的部分文字	新中国第一例电脑病毒
1994 年	公安部颁布了《中华人民共和国计算机信息系统安全保护条例》，从法规角度全面阐述了关于计算机信息系统安全相关的概念、理论、管理、监督、责任	网络安全首部法律诞生，标志着信息系统等级保护工作正式开启
2000 年	国内的金山、瑞星、江民，国外的卡巴斯基、麦咖啡、诺顿等杀毒软件陷入持续的价格战	杀毒软件市场混战时期
2006 年	蠕虫病毒"熊猫烧香"出现，能终止大量反病毒软件和防火墙的运行，造成系统核心程序加载失败，并删除重要文件。中毒之后，计算机主界面上会出现一个举着三根香的熊猫	最出名的"本土"病毒
2007 年	我国信息安全等级保护制度正式实施，并成为我国非涉密信息系统网络安全建设的重要标准。2007 年和 2008 年颁布实施的《信息安全等级保护管理办法》和《信息安全等级保护基本要求》，被称为"等保1.0"	"等保1.0"颁布实施
2016 年	《中华人民共和国网络安全法》发布，是落实总体国家安全观的重要举措，在维护网络安全、维护广大人民群众切身利益方面发挥了重要的作用	《中华人民共和国网络安全法》是我国第一部网络安全的综合性立法，是我国第一部全面规范网络空间安全管理的基础性法律
2019 年	国家市场监督管理总局召开新闻发布会，正式发布"等保2.0"，于 2019 年 12 月 1 日正式实施	网络安全等级保护制度 2.0 标志着国家网络安全等级保护工作步入新时代
2019 年	《中华人民共和国密码法》正式发布，从密码管理的基本原则、分类管理、商用密码从业单位管理，检测认证体系建设，网络运营者使用等多个角度进行了规范	我国密码领域首部综合性、基础性法律

续表

时间	重大事件	重要意义
2021 年	《中华人民共和国数据安全法》正式发布，就如何保障个人数据安全、如何用数据提升智能化服务、如何对数据进行分级保护等多方面提供法律依据	我国数据领域的基础性法律，更是我国第一部有关数据安全的专门法律

资料来源：作者自制。

新时代网络安全的发展趋势。第一，网络安全制度体系化。党的二十大报告提出，"健全网络综合治理体系，推动形成良好网络生态"。[①] 建设网络强国，已经成为中国式现代化的核心内容和战略性问题。网络安全法律体系现代化建设，既是保护网民合法权益和网络经济发展的应有之义，也是维护国家网络主权和国防安全的必要条件。近年来，以《中华人民共和国网络安全法》为核心的网络安全法律体系逐步建立健全，目前已形成了"以《中华人民共和国民法典》为指引，《中华人民共和国网络安全法》为基础性法律，具体领域专门性立法为主体，各法律中有关网络安全的实施细则或有关规定为补充"的多层次、立体化国家网络安全制度体系，为推进网络强国建设提供了基本的制度保障（见表2）。

表 2　网络安全制度体系

领域	法律制度名称
综合性、基础性法律	《中华人民共和国民法典》《中华人民共和国网络安全法》

---

① 习近平：《高举中国特色社会主义伟大旗帜　为全面建设社会主义现代化国家而团结奋斗——在中国共产党第二十次全国代表大会上的报告》，人民出版社 2022 年版，第 44 页。

续表

领域		法律制度名称
网络安全等级保护领域	专门性立法	《中华人民共和国密码法》 《中华人民共和国数据安全法》
	管理条例	《网络安全等级保护条例》
关键信息基础设施安全保护领域	管理条例	《关键信息基础设施安全保护条例》 《网络安全审查办法》
个人信息保护领域	专门性立法	《中华人民共和国个人信息保护法》 《中华人民共和国数据安全法》
数据出境管理领域	管理条例	《数据出境安全评估办法》 《信息安全技术 数据出境安全评估指南》 《网络数据安全管理条例》
内容治理和信息服务领域	专门性立法	《中华人民共和国网络安全法》
	管理条例	《互联网新闻信息服务管理规定》 《具有舆论属性或社会动员能力的互联网信息服务安全评估规定》 《网络信息内容生态治理规定》

资料来源：作者自制。

第二，网络安全基础设施化。当前，我国新型智慧城市建设进入全面发展阶段，在国家政策引导、各部门协同推进和各地方持续创新的推动下，我国新型智慧城市建设取得了显著成效，涌现出"一网通办"、"一网统管"、"城市大脑"、数据资产登记等一批特色亮点和创新应用，在部分领域为全球智慧城市建设提供了中国方案。①物联网、移动互联网、导航定位等新技术应用的不断推动给新型智慧城市建设带来了新的安全问题，互联网、物联网、大数据等进一步增加了网络

① 参见单志广、张延强：《新型智慧城市要推进长效可持续发展》，《中国信息界》2022 年第 5 期。

空间和物理空间的安全互依赖性。[①] 城市网络是联接物理城市和数字孪生城市的纽带，既是智慧城市发展的关键基石底座和数字运力中枢，也是支撑城市数字政府高效协同、数字经济高质量发展、数字社会普惠和谐的重要基础设施和支撑服务载体。随着智慧城市建设蓬勃发展，各种创新应用与服务都离不开互联网、物联网等网络基础设施的保障与支撑，随之而来的网络安全问题日益突出，服务中断、勒索软件攻击、信息泄露等问题屡见不鲜，对智慧城市的日常运营造成了巨大的风险与安全隐患。随着网络安全监管理念的创新和监管手段的进步，应统筹推进安全风险分析、协同监管机制、智能监管技术和安全应急处置等方面建设，为智慧城市发展保驾护航。

第三，网络安全风险交织化。全球网络安全事件频发，数据泄露、业务中断、工厂停工等时有发生，网络安全形势依然严峻，甚至愈加错综复杂。一是网络攻防对抗趋势愈演愈烈。网络攻击方转向以多重手段规避网络安全防线，攻击目标也愈加精准。比如，德国燃料储存供应商 Oiltanking GmbH Group 遭受网络攻击造成燃油供应中断，丰田公司供应商电装公司遭到勒索软件攻击，中断了设备的网络连接，数据发生大量泄密，汽车生产线被迫停工。[②] 二是大国网络空间安全博弈加剧。俄乌冲突使得军事行动延续到网络空间，俄罗斯和乌克兰作为冲突双方已在网络空间多次交手。在俄乌冲突的影响下，更

---

① 参见单志广：《可信智慧城市》，《2022 年西湖论剑·网络安全大会——数字城市安全治理论坛论文集》2022 年 5 月。

② 参见王心怡：《近期全球网络安全形势与动向分析》，《通信管理与技术》2022 年第 3 期。

多国家加强了网络军事能力建设，如美国明确将进攻性网络理念作为指导方针，开展了前置防御、前沿狩猎等多种形式的网络行动，导致各国的国家安全风险更多地暴露在网络空间，这不仅加剧了各方在网络空间治理进程中的博弈，而且正在重新塑造网络空间秩序的未来。①

第四，网络安全边界融合化。随着云计算、人工智能等数字技术的不断创新和深度应用，智慧城市也显现出融合化、协同化、智能化的特征。② 通过网络更好地连接智慧城市的服务、连接百姓、连接企业，成为智慧城市发展的新趋势。智慧城市的核心价值是实现信息的高度集中和共享，但在推进信息资源集中共享的同时，也使得各类安全风险更为集中。云计算、大数据、物联网、移动互联网催生了与传统电子政务、传统行业信息化完全不同的新的安全需求。③ 在新的发展阶段，智慧城市正由稳态系统转向敏态系统，数据正由静态转向实时，时空正从单一物理转向多维社会网络，随之而来的网络安全边界也逐渐泛化模糊，呈现出易变化、复杂化、模糊化和不确定性等特点，以防火墙、堡垒机等为代表的传统边界防护模式逐渐"失灵"，基于边界的传统安全架构不再可靠。传统的"打补丁""局部整改""事后补救"式的网络安全防护手段已经不能满足未来经济社会的安全发展需求，从全局视角开展网络安全顶层设计，在统筹规划基础上系统性部

---

① 参见鲁传颖：《全球网络安全形势与网络安全治理的路径》，《当代世界》2022 年第 11 期。

② 参见单志广：《智慧城市中枢系统的顶层设计与建设运营》，《学术前沿》2021 年第 9 期。

③ 参见单志广：《可信智慧城市》，《2022 年西湖论剑·网络安全大会——数字城市安全治理论坛论文集》2022 年 5 月。

署网络安全策略与基础设施建设将成为未来网络安全发展的主流方向。

第五，网络安全工具数智化。随着越来越多的数据迁移到云端，网络安全问题变得更加复杂。许多传统安全系统无法监控云计算数据，但新的人工智能增强网络安全是专门为云计算设计的，采用跨多个运营环境监控和分析数据的混合网络安全解决方案将成为一种必要的措施。随着人工智能，包括物联网等新技术的大量普及，产生了海量的数据，区块链对于这些数据的加密、传输、存储、防篡改等问题，可以起到非常好的提升作用。区块链技术比其他平台或记录保存系统具有更高的安全性，任何被记录的交易都需要根据共识规则达成一致。篡改证据和广泛可访问的基于区块链的注册可以提供更高的透明度和数据民主。目前，我们国家大力出台各种政策，扶持支持区块链技术的应用落地和技术升级。自 2020 年以来，全球数字经济的发展已显著提速，以 5G 和区块链为代表的"新型基础设施"建设全面铺开，区块链与物联网、大数据、云计算、人工智能等前沿科技与网络安全深度融合，推动网络安全工具再上新台阶。

第六，网络安全治理主动化。随着《中华人民共和国网络安全法》、欧盟《通用数据保护条例》等国内外数据安全法律的施行，网络安全治理方式转向主动化。过去的网络安全管理侧重被动防御，即在网络遭受威胁或攻击之后，采取相应的补救措施以减轻或阻止损害。① 例如，当发现网络病毒时，立即采用技术手段清除并同时阻止

---

① 参见吴锡、刘鹏：《大数据背景下网络安全问题及对策》，《科技创新与应用》2023 年第 14 期。

病毒扩散。随着信息技术的进步，预测网络安全的发展趋势，并且利用大数据提供的大量信息进行网络安全风险的评估越来越容易，因此，网络安全治理更具主动性且更加高效可靠。随着网络安全问题带来的威胁和损失日益增加，提前预判预处置网络安全的需求不断增加，要进一步助推网络安全风险技术的迭代升级，进而促使网络安全治理趋于主动。[1]

第七，网络安全监管常态化。近年来，公安部作为网络安全监管的重要职能部门之一，履行网络安全监管职责，持续开展网络安全监督检查和行政执法工作，有力确保了网络和数据安全，保障数字经济有序运行。自 2018 年以来，公安部已连续多年开展"净网"专项行动，瞄准侵犯公民个人信息泄露、网络诈骗等违法犯罪行为重拳出击，依法严打严管涉案人员、团伙和企业。[2] 此外，关键信息基础设施、重要信息系统也是开展网络安全监督检查的重点领域，常态化开展网络安全隐患排查工作，确保网络安全问题整改到位。[3]

第八，网络生态环境清朗化。构建健康有序的网络交流平台，是党为人民群众创造福祉、实现可持续发展的重要途径。2016 年以来，《中华人民共和国网络安全法》《互联网信息内容管理行政执法程序规定》《公安机关互联网安全监督检查规定》《网信部门行政执法程序规

---

[1] 参见吴锡、刘鹏：《大数据背景下网络安全问题及对策》，《科技创新与应用》2023 年第 14 期。

[2] 参见庄会宁：《"净网"专项行动五年：不断净化网络生态，为平安中国建设保驾护航》，《人民公安》2022 年第 15 期。

[3] 参见《公安部：常态化开展网络安全监督检查　保护数字经济发展》，2022 年 7 月 25 日，见 https://finance.eastmoney.com/a/202207252460319234.html。

定》相继发布，在此基础上，国家网信办等部门展开了"清朗"等系列专项行动，网络生态环境得到有效改善。2021 年，累计清理违法和不良信息 2200 多万条，关闭网站 3200 余家。[①]2022 年，公安机关网安部门破获"侵犯公民个人信息案件"1.6 万余起、"网络水军"案件 550 余起[②]，有力维护了网络空间安全。

新时代网络安全面临的挑战

网络安全法律体系不够完善。第一，法律法规仍待细化落实。尽管网络安全法律体系逐步建立健全，但是每部新法案从开始实施到完善落实，都需要一定的过渡期。新法内的一些具体规定要具体"落地"，都需要完善一系列措施及配套政策。《中华人民共和国数据安全法》出台后，仍需要制定相关的配套措施，针对需要明确的重点问题进一步细化，明确《中华人民共和国数据安全法》的分级分类制度的具体要求与标准，进一步提高实操性，才能提供实践指导。

第二，法律法规配套仍需加强。总体来说，网络安全领域的立法质量不断提高，法律的操作性、规范性不断增强，但现有网络安全领

---

① 参见《国家网信办：今年全面清理"色丑怪假俗赌"直播和短视频》，2022 年 3 月 17 日，见 https://m.163.com/dy/article/H2MR9DJG0519CS5P.html。

② 参见《公安机关"净网 2022"专项行动成效显著》，2023 年 1 月 12 日，见 https://baijiahao.baidu.com/s?id=17547733220322858295&wfr=spider&for=pc。

域配套法律法规仍需完善。一方面，法律配套制度涉及部门多，协调难度大，影响因素交错复杂，客观上会带来一定的困难。另一方面，网络技术发展迅猛，情况变化很快，这也给法律法规配套的制定和落实带来一定的挑战。

新技术引发网络安全新风险。第一，新场景引发新挑战。随着互联网应用的普及，网络安全技术的应用场景也越来越广泛。在线支付、在线购物、在线教育等都离不开网络安全技术，随之而来的网络安全风险也不断激增。一是网络黑客、电信网络诈骗等犯罪问题频发。根据公安部公布的最新数据，2023年全国共破获电信网络诈骗案件43.7万起。随着科技的进步，互联网为人们的工作生活带来便利的同时，网络诈骗手法也不断翻新，封装App、群发邮件"引流"、AI语音视频造假诈骗等花招层出不穷。据公安部门统计，高发电信网络诈骗案件发案占比近80%。二是虚拟货币存在网络安全风险。虚拟货币的网络安全风险主要源于其网络特性。一方面，虚拟货币存在网络漏洞和后门程序等安全风险，黑客利用这些漏洞可以窃取用户信息，进而盗取用户的虚拟货币资产。另一方面，在线交易平台的安全性、个人信息的保护程度等都是影响虚拟货币安全的重要因素。有些在线交易平台缺乏安全保障，导致用户在交易过程中遭受虚拟货币被盗的风险。

第二，网络技术犯罪持续高发。随着网络技术的飞速发展，网络技术犯罪已成为一个不容忽视的问题。近年来，网络技术犯罪持续高发，带来了重大经济损失和数据安全风险。一是勒索软件攻击愈演愈烈。勒索软件是一种流行的网络攻击工具，通过加密用户文件等方式进行勒索。近年来几乎所有国家的政府、金融、医疗、交通等均受到影响。2022 年，勒索软件活跃程度再度飙升，攻击事件数量同比增长 13%，超过以往五年的总和。① 各大勒索攻击团伙不断改进攻击手法和模式，使得新一代勒索软件攻击更加复杂、更有针对性，呈现出勒索软件智能化、多重勒索常态化等趋势。以多重勒索为例，新型勒索软件攻击从单端的支付赎金即可恢复被加密的数据，逐渐演变成窃取商业信息、非法销售数据、DDoS 攻击等勒索方式结合的新模式。Lapsus$ 黑客组织通过多重勒索已攻击了微软、英伟达、优步等多家知名企业，一旦受害者拒绝支付赎金，该组织就会将窃取的数据发布到网上组织非法售卖。② 二是软件供应链数据泄露事件频发。随着软件产业快速发展，软件供应链也愈加复杂，极易触发一系列安全问题，网络安全整体防护难度越来越大。据 IBM 发布《2022 年数据泄露成本报告》显示，五分之一的数据泄露事件是由软件供应链受陷造成，识别并遏制供应链事件所耗费的平均总时长要比全球数据泄露事件长 26 天。供应链攻陷事件的总成本是 446 万美元，比数据泄露事件的全球平均总成本高 2.5%，且后者已达到史上最高水平，比过去两年高出近 13%。③ 据相关网络安全公司报告显示，2022 年针对软件供应商的网络攻击同比增长 146%，其中 62% 的数据泄露归因于供

---

① 参见郝志超、龚汉卿：《2022 年全球网络空间安全动态综述》，《中国电子科学研究院学报》2023 年第 4 期。

② 参见《新型勒索软件攻击的 7 个发展趋势》，2023 年 9 月 14 日，见 https://mp.weixin.qq.com/s/dXPqJ38mvKpY0mAUaTCYvw。

③ 参见《IBM：五分之一的数据泄露事件由软件供应链受陷造成》，2022 年 7 月 28 日，见 https://mp.weixin.qq.com/s/99wExEcZg4GTVazCDKY08A。

应链安全漏洞。①

第三，网络战形势错综复杂。我国面临的网络战、封锁战、舆论战形势日益严峻。一是网络代码已经被武器化。网络攻击手段和网络攻击主体的特征明显，敌对势力利用其掌控的强大网络技术对我国连接的国际互联网实施有组织、集团化的网络断网、网域除名等，对我国政府部门、高校、重点企事业单位的网络系统进行精准的网络攻击及窃密。2022 年 9 月，美国国家安全局 NSA 对我国西北工业大学网络长时间入侵攻击，窃取关键敏感数据，对我国的国家安全造成了严重的危害。二是社交媒体被政治化、"武器化"。敌对势力利用网络漏洞实施攻击和制造散布虚假信息，利用其影响力制造发动网络舆论战，造成网络舆论信息真假难辨，从而迷惑蛊惑网民，影响民众的思想和准确分析判断，制造对立，引发社会矛盾。同时，网络空间的军事化趋势加剧，威胁越来越大，数字外交、网络外交成为维护数字利益的政治手段。面对网络风险和挑战，加强网络安全和维护国家安全十分迫切和重要。

第四，核心技术自主可控能力不够强。自主可控是确保网络安全的必要条件。目前，我国在网信领域（如芯片和基础软件等方面）仍存在一些短板。芯片方面，其短板在于制造工艺、装备、材料、设计工具等方面。以 AI 芯片为例，我国起步晚，在算法方面缺乏原始创新，目前仍依赖进口。基础软件方面，操作系统大部分依赖 Win-

---

① 参见郝志超、龚汉卿：《2022 年全球网络空间安全动态综述》，《中国电子科学研究院学报》2023 年第 4 期。

dows，国产操作系统很少；大型工业基础软件，如集成电路涉及软件基本上是进口，自主研发的较少。我国亟需"扬长处，补短板"，努力突破"卡脖子"问题，提升自主可控能力，保障网络安全。

网络空间竞争加剧，网络安全人才供需失衡。其一，网络安全攻防实战人才不足。当前，我国网络安全领域人才不足，已成为阻碍我国产业发展的主要因素，特别是实战型人才培养方面，存在显著的需求缺口。据《网络安全人才实战能力白皮书》调查数据显示，"到 2027 年，我国网络安全人员缺口将达 327 万，而高校人才培养规模为 3 万／年，许多行业面临着网络安全人才缺失的困境"。[①] 此外，由于高校缺乏实战环境，过于注重理论知识传授而轻视实践能力培养，所培养的网络安全人才往往无法迅速融入实际工作，高达 92%的企业认为自己缺乏网络安全实战人才。攻防实战人才必须具备在实际业务环境中，利用网络安全技术和工具进行安全监督和解析、危险度评估或风险评估与衡量、渗透测试事件研判等业务能力[②]，这对网络安全攻防实战人才的培养路径提出了高标准、高要求。

其二，缺乏网络安全人才发展规划。随着全球信息化进程的推进，众多国家已经认识到网络安全的重要性，并纷纷制定国家网络安全战略。然而，相较于美国等发达国家在网络安全人才培养方面的系统性和层次性，我国在这方面起步较晚。尽管我国已经发布了一些网络安全战略规划文件，强调了人才培养的重要性，但总体上来说，仍

---

① 《网络安全市场需求分析预测：到 2027 年我国网络安全人员缺口将达 327 万》，2023 年 9 月 18 日，见 https://www.chinairn.com/news/20230918/114201910.shtml。

② 参见袁胜：《面向实战的网络安全人才培养》，《中国信息安全》2023 年第 3 期。

缺乏网络安全人才培养的整体规划和顶层设计。[①] 相比之下，美国已具备领先的网络人才战略和体系，并发布了《国家网络人才和教育战略》，旨在推动政府、企业、学校和其他组织在人才培养和发展领域的改革，以适应当前和未来的网络人才需求，将对国际网络安全产生深远影响，同时，也给我国的网络安全人才培养战略带来了挑战。

国际竞争新格局带来新考验。其一，网络空间国际规则尚未形成共识。在网络安全事件和局部地区冲突风险相互交织的背景下，网络空间国际规则的模糊性和不确定性加剧。2022 年，国际地缘政治冲突加剧，俄乌陷入"拉锯战"，中美博弈更加激烈[②]，在网络空间主权、全球网络产品和服务供应链以及数据跨境流动等方面，可能面临新一轮的规则和格局调整。我国正面临国际网络空间规则、信息技术产业等领域更为严峻和复杂的竞争态势，这给我国参与和主导网络空间规则制定带来了新的挑战。[③]

其二，全球网络空间安全机制尚未形成。在数字时代，信息技术为人们生活带来便捷的同时，也为网络犯罪全球化和产业化创造了条件。当前阶段，全球面临着网络霸权、网络犯罪和数据泄露等问题的严峻挑战，深刻影响着各国和地区的政治、经济、社会和文化等各个方面。金融、交通、能源三大关键基础设施领域成为网络攻击重

---

① 参见陈钟：《我国网络安全人才培养实践与建议》，《中国信息安全》2023 年第 3 期。

② 参见许玉娜：《2022 年我国网络安全产业发展现状分析及展望》，《中国信息安全》2023 年第 2 期。

③ 参见黄道丽：《〈网络安全法〉实施五年回顾与展望》，《中国信息安全》2023 年第 2 期。

灾区，安全态势严峻，其中34%的网络攻击都发生在金融领域。① 鉴于网络犯罪具有隐蔽性和跨国性，更容易逃避监管，传统的国际刑事司法协助机制程序复杂、过程冗长、条件严苛，已经无法适应现实需求。然而，新型的网络空间国际规则制定工作尚未取得突破性进展。

新时代下筑牢网络安全屏障的对策建议

多措并举加强网络安全管理。一是健全法律法规建设。建立健全网络安全的法律保障体系，强化数据分类分级保护、数据安全审查、数据出境管理等制度措施，提高网络数据监测预警和应急处置能力，维护网络空间秩序。二是要加强网络安全监管。不断创新和落实我国网络安全战略，实现权责明确的多部门联动结合监管和合作协调，提高跨部门的网络安全响应能力，加强网络安全监管工作。开展网络设备日常巡检和自查，及时采取措施堵塞安全风险漏洞，查漏补缺、减少风险点，维护计算机及网络基础设施安全，确保网络安全。

科技赋能推动网络安全发展。一是加强技术创新，提升自主可控能力。加强数字技术创新，实现网络安全关键技术自主可控，是筑牢数字中国安全屏障的底气所在。要加强网络安全核心技术的自主研发，提升我国国产网络安全产品质量，加强先进安全产品和技术创

---

① 参见《金融、交通、能源三大关键基础设施领域成网络攻击重灾区》，2017年4月27日，见 https://www.sohu.com/a/136705156_123753。

新，进一步提高科技转化运用能力，加强人工智能技术、区块链等新一代信息技术的应用转化，形成价值闭环，保证相关技术创新的持续推进。二是坚持科技向善，针对新场景加强科技治理。依据电信网络诈骗技术迭代升级等特点，打通数据壁垒，通过"反诈大数据法律监督模型"，对涉诈网址、域名、App 等黑灰产违法犯罪进行溯源治理；针对数字藏品、数字身份等跨平台流通和持久存续的迫切需求，推动区块链底层框架适配互通，打造区块链公用基础设施，支撑形成自主可控、全国一体、流通顺畅、全程追溯的分布式数字凭证技术应用体系。

提升全民全社会网络安全素养。一是制定人才专项计划。通过明确培养目标、优化培养方式，有计划、有目的地推进和实施网络安全人才培养工作。高校是网络安全人才培养的主阵地，要以目标为导向，依托学校教育系统开展扎实的基础知识教育，通过专项培训活动促进领域专业人才的培养，通过高水平的行业竞赛发现和培养特殊人才，以"硬实力"打造一支具有全球竞争力的网络安全团队。二是加强网络安全宣传。一方面，完善网络安全工作机制。定期组织网络安全工作者学习网络相关法律知识；积极开展网络安全应急处置、应急演练，推进构建网络安全工作体系；开展网络安全风险点摸排，强化重要数据安全和个人信息保护意识，切实维护网络信息安全。另一方面，加强社会网络安全教育。促进政府、企业和社会各界对网络安全宣传的共同参与及配合，着力提高公众的网络安全意识和技能水平。除了利用传统的电视、报纸和杂志等媒体，还可充分利用社交网络、视频平台、移动应用等新媒体渠道，向公众传递网络安全知识和信息。①

推动国际网络安全多元化合作。一是积极开展国际合作，共同应对网络安全问题。加强对话，共同构建网络安全命运共同体。加强国际网络问题的信息共享及在网络安全技术和管理工作方面的沟通与合作，积极汲取其他国家的成功经验和技术，主动争取网络空间的主导权和话语权。②在保证公开、公正的前提下，持续开展交流合作，共促技术发展，并致力于完善全球网络安全治理。二是加强网络犯罪综合防治体系，积极推进网络安全合作关系的机制建设和平台建设，充分整合资源，共同打击网络洗钱、勒索、贩毒等犯罪行为。鉴于网络犯罪相比于传统犯罪更易于逃避监管，执法机关应积极开展国际合作，与相关国家和地区建立制度化、常态化的合作机制，共同打击网络犯罪。

参考文献

习近平:《高举中国特色社会主义伟大旗帜　为全面建设社会主义现代化国家而团结奋斗——在中国共产党第二十次全国代表大会上的报告》，人民出版社 2022 年版。

《习近平在全国网络安全和信息化工作会议上强调　敏锐抓住信息化发展历史机遇　自主创新推进网络强国建设》，《人民日报》2018 年 4 月 22 日。

陈鲸:《为网络安全保驾护航》，《智慧中国》2021 年第 11 期。

单志广、张延强:《新型智慧城市要推进长效可持续发展》，《中国信息界》2022

---

① 参见王立松:《大数据背景下的网络信息安全研究》，《中国新通信》2022 年第 16 期。

② 参见吴锡、刘鹏:《大数据背景下网络安全问题及对策》，《科技创新与应用》2023 年第 14 期。

年第 5 期。

单志广：《可信智慧城市》，《2022 年西湖论剑·网络安全大会——数字城市安全治理论坛论文集》2022 年 5 月。

王心怡：《近期全球网络安全形势与动向分析》，《通信管理与技术》2022 年第 3 期。

鲁传颖：《全球网络安全形势与网络安全治理的路径》，《当代世界》2022 年第 11 期。

单志广：《智慧城市中枢系统的顶层设计与建设运营》，《人民论坛·学术前沿》2021 年第 9 期。

吴锡、刘鹏：《大数据背景下网络安全问题及对策》，《科技创新与应用》2023 年第 14 期。

庄会宁：《"净网"专项行动五年：不断净化网络生态，为平安中国建设保驾护航》，《人民公安》2022 年第 15 期。

郝志超、龚汉卿：《2022 年全球网络空间安全动态综述》，《中国电子科学研究院学报》2023 年第 4 期。

袁胜：《面向实战的网络安全人才培养》，《中国信息安全》2023 年第 3 期。

陈钟：《我国网络安全人才培养实践与建议》，《中国信息安全》2023 年第 3 期。

许玉娜：《2022 年我国网络安全产业发展现状分析及展望》，《中国信息安全》2023 年第 2 期。

黄道丽：《〈网络安全法〉实施五年回顾与展望》，《中国信息安全》2023 年第 2 期。

王立松：《大数据背景下的网络信息安全研究》，《中国新通信》2022 年第 16 期。

《中国网络安全产业联盟发布报告，披露了 2010 年以来曝光的十余起美国情报机构实施网络攻击、开展网络监控及窃密、泄露扩散网络攻击武器和工具的案例，外交部回应》，2023 年 4 月 12 日，见 https://baijiahao.baidu.com/s?id=17629772465456 92645&wfr=spider&for=pc。

《公安部：常态化开展网络安全监督检查　保护数字经济发展》，2022 年 7 月 25 日，见 https://finance.eastmoney.com/a/202207252460319234.html。

《国家网信办：今年全面清理"色丑怪假俗赌"直播和短视频》，2022 年 3 月 17 日，见 https://m.163.com/dy/article/H2MR9DJG0519CS5P.html。

《公安机关"净网 2022"专项行动成效显著》，2023 年 1 月 12 日，见 https://baijiahao.baidu.com/s?id=1754773220322858295&wfr=spider&for=pc。

《新型勒索软件攻击的 7 个发展趋势》，2023 年 9 月 14 日，见 https://mp.weixin. qq.com/s/dXPqJ38mvKpY0mAUaTCYvw。

《IBM：五分之一的数据泄露事件由软件供应链受陷造成》，2022 年 7 月 28 日，见 https://mp.weixin.qq.com/s/99wExEcZg4GTVazCDKY08A。

《网络安全市场需求分析预测：到 2027 年我国网络安全人员缺口将达 327 万》，2023 年 9 月 18 日，见 https://www.chinairn.com/news/20230918/114201910.shtml。

《金融、交通、能源三大关键基础设施领域成网络攻击重灾区》，2017 年 4 月 27 日，见 https://www.sohu.com/a/136705156_123753。

第十三讲　新时代反间谍安全防范体系构建

李远[*]

间谍活动是一种为境外敌对势力窃取情报的行为，具有隐秘性高、渗透力强等特点，会对国家安全造成极大危害。为了适应国家安全的需要，世界各国高度重视严查防范和打击一切间谍活动，并将间谍罪普遍规定为一种可以被判处最严厉刑罚的严重犯罪。习近平总书记在党的二十大报告中指出，"国家安全是民族复兴的根基，社会稳定是国家强盛的前提"。[①] 当前我国反间谍斗争形势极为严峻，传统安全威胁与非传统安全威胁的因素相互交织，各类间谍情报活动的主体更加复杂、领域更加广泛、目标更加多元、手法更加隐蔽。在总体国家安全观的指导下，推动构建新时代的反间谍安全防范体系，对于以新安全格局保障新发展格局，以高水平安全推进中国式现代化具有

---

[*] 李远，山东大学国际问题研究院执行副院长、教授、博导。

[①] 习近平：《高举中国特色社会主义伟大旗帜　为全面建设社会主义现代化国家而团结奋斗——在中国共产党第二十次全国代表大会上的报告》，人民出版社 2022 年版，第 52 页。

重大而深远的意义。

我国反间谍安全防范体系建设的历史进程

新中国成立之初，维护政权和军事安全是国家安全的核心。中国共产党带领人民群众与反革命分子进行了激烈斗争，抓获了大批帝国主义国家及国民党残余势力安插、派遣的间谍特务组织，维护了新生的人民政权。在党的领导下，我国反间谍安全防范体系初见雏形。中央人民政府于1951年2月公布《中华人民共和国惩治反革命条例》，之后又发布了《中华人民共和国刑法指导原则草案（初稿)》《中华人民共和国刑法大纲草案》等文件，对间谍犯罪的行为作出了司法解释并规定了相应的量刑标准，形成了当时的反间谍法律体系。这一时期对间谍行为的判罚具有"处罚重""规制范围广"等特点。[①]

改革开放以来，我国积极参与国际事务，逐步融入世界经济体系，随着人员、技术、资本的跨国流动性增强，境外间谍机构进一步扩大在我国的活动空间与行动范围，活动重点目标由传统的政治颠覆转向破坏经济发展。特别是在东欧剧变、苏联解体后，境外间谍情报机构借机加大对我国社会的破坏力度，采取了包括政治渗透、分裂颠覆、情报窃密、反动拉拢、刺探收买、围堵打压等多项破坏行动，我

[①] 参见董为：《我国间谍罪立法问题检视与修正——以总体国家安全观为视角》，西南政法大学博士学位论文2022年第9期。

国的反间防谍工作也由此进入新的阶段。①

面对新的历史时期形势发展的需要，我国不断提升反间防谍工作能力，对间谍犯罪的规制范围和刑罚力度进行适时调整，以促进国家安全和经济发展相统一。1979 年 7 月，我国颁布的第一部《中华人民共和国刑法》去掉了诸如"里通外国"的描述，明确纳入间谍罪条款，并将间谍罪处罚的一般量刑由"无期徒刑或死刑"降低为"十年以上有期徒刑或无期徒刑"；1983 年，我国成立了中华人民共和国国家安全部，以加强反间谍工作，保障国家安全；1988 年，《中华人民共和国刑法（修改稿）》明晰了 1979 年颁布的《中华人民共和国刑法》中"为敌人窃取、刺探、提供情报"的"敌人"含义，不再统指"外国政府、机构"；1993 年 2 月，我国通过了《中华人民共和国国家安全法》，彼时安全工作的重心更强调反对外部渗透和内部叛乱的政治安全；1997 年 3 月，修订后的《中华人民共和国刑法》将特务罪、反革命罪及间谍罪修订为资敌罪、泄密罪和间谍罪，以适应社会主义现代化建设需求。进入 21 世纪以来，随着世界范围内的恐怖主义、原教旨主义、信息安全等非传统安全问题愈发凸显，我国开展国家安全和反间谍工作面临的环境日益复杂。同时，随着信息革命的到来，境外间谍机构针对我国的工业技术、科技机密等间谍犯罪活动明显增加。为了应对新形势下的间谍威胁，我国于 2000 年建立了中央国家安全领导小组，负责国家安全领域工作的议事协调和决策。2002 年，党的十六大报告中指出，"传统安全威胁

---

① 参见谢贵平：《我国反间防谍的历史经验》，《人民论坛》2023 第 16 期。

和非传统安全威胁的因素相互交织"①，由此非传统安全威胁逐步成为国家安全的重要关注点。面对与日俱增的境外远程网络攻击事件，我国完善了《中华人民共和国刑法》《中华人民共和国计算机信息系统安全保护条例》等文件，还组织了 64 家国家级和 198 家省级工作单位共享网络安全信息，有效处理了一大批网络攻击事件。② 这一时期，国家反间谍安全防范体系不再局限于传统安全领域的政治和国防安全问题，而更多集中于经济安全和网络安全等非传统安全领域。然而，彼时我国尚未单独制定反间谍工作相关法律，一定程度上限制了协调各类国家机关开展反间谍工作的多领域、多层次合作。有学者认为，反间谍不仅仅是侦查问题，还包括机构设置、人员配备、宣传教育等方面问题，应当单独制定《中华人民共和国反间谍法》，推动我国今后的反间谍工作顺利有效开展。③

党的十八大以来，随着我国内外安全形势日益严峻复杂，国家安全面临的可预见和不可预见风险明显增多，我国的反间谍工作进入发展转型关键期。习近平总书记从党和国家事业发展全局的战略高度对新时代大安全格局下的国家安全工作作出了一系列高瞻远瞩的重大决策部署，开创性地提出"总体国家安全观"，为新时代做好国家安全工作提供了根本遵循、指明了前进方向，我国建立并发展国家安全工作体制机制的进程也随之加快。2013 年 11 月，党的十八届三中全会

---

① 《江泽民文选》第三卷，人民出版社 2006 年版，第 566 页。

② 参见《国家互联网应急中心：中国是黑客攻击的最大受害国》，2010 年 1 月 25 日，见 http://www.scio.gov.cn/ztk/hlwxx/02/02/Document/533531/533531.htm。

③ 参见刘跃进：《国家安全法的名与实——关于修订我国〈国家安全法〉的一点建议》，《苏州市职业大学学报》2006 年第 3 期。

决定成立国家安全委员会，规划国家安全战略政策，统筹国家安全工作蓝图方针。2015 年 1 月，中共中央政治局审议通过《国家安全战略纲要》，指出必须始终增强忧患意识，做到居安思危。① 党的十九大把坚持总体国家安全观纳入新时代坚持和发展中国特色社会主义的基本方略，并写入党章。② 党的十九届五中全会把统筹发展和安全纳入"十四五"时期我国经济社会发展的指导思想。③ 党的二十大报告中对"推进国家安全体系和能力现代化，坚决维护国家安全和社会稳定"作出专章论述和战略部署，提出以新安全格局保障新发展格局的重大要求。④ 在以习近平同志为核心的党中央坚强领导下，我国完成了中国特色国家安全工作的理论构建与体系建设，走出了一条中国特色国家安全道路，开创了维护国家安全的崭新局面。

随着新时代加快构建大安全格局，我国相继出台了一系列国家安全法律法规来为反间谍工作提供法律规范和保障，推动我国反间谍安全防范体系进入了现代化、规范化、制度化的新发展阶段。2014 年 11 月，第十二届全国人大常委会第十一次会议审议通过了《中华人民共和国反间谍法》作为维护国家安全领域的专门性法律。2015 年 7 月 1 日，第十二届全国人大常委会第十五次会议通过了新的《中华

---

① 参见《中共中央政治局召开会议审议通过〈国家安全战略纲要〉》，《人民日报》2015 年 1 月 24 日。

② 参见《深刻把握新时代坚持总体国家安全观的重要意义》，《人民日报》2018 年 4 月 16 日。

③ 参见《中共十九届五中全会在京举行》，《人民日报》2020 年 10 月 30 日。

④ 参见《习近平强调，推进国家安全体系和能力现代化，坚决维护国家安全和社会稳定》，2022 年 10 月 16 日，见 https://www.gov.cn/xinwen/2022-10/16/content_5718828.htm。

人民共和国国家安全法》，确立了新时代加强国家安全的法治体系建设部署和依法开展国家安全工作的体制机制。此外，我国还于2016年4月通过《中华人民共和国境外非政府组织境内活动管理法》，于2016年11月通过《中华人民共和国网络安全法》，于2020年6月通过《中华人民共和国香港特别行政区维护国家安全法》等，切实增强了维护与塑造国家安全的法律基础。

2023年4月，第十四届全国人大常委会第二次会议表决通过了新修订的《中华人民共和国反间谍法》（下文简称《反间谍法》）。作为党的二十大召开后国家安全领域的首部专门立法，该法的修订充分体现了以习近平同志为核心的党中央对国家安全工作的高度重视，对深化新时代新征程反间谍斗争、筑牢国家安全屏障具有重要意义。首先，《反间谍法》的修订是对总体国家安全观的贯彻落实。在总体国家安全观视阈下，"国家安全"的客体范畴得到极大拓展，延伸了反间谍工作的内涵及外延。修订后的《反间谍法》更加明晰完善了间谍行为边界，提升了反间谍工作的精准性与全面性，拓展了反间谍安全防护链条和安全治理空间，有效维护和保障了重点安全领域和总体安全格局。其次，《反间谍法》的修订适应了国家安全治理体系和能力现代化的要求，巩固了党中央对反间谍工作的集中统一领导，以"坚持中央统一领导"为基本原则，强调建立健全更加科学规范的反间谍工作协调机制、执法程序和工作路线，坚持以系统性的安全治理手段和科学统筹的根本方法推动构建大安全格局，以制度优势保障国家安全的长期性与稳定性。再次，修订后的《反间谍法》规定了国家安全机关行使职权必须严格规范执法活动，强化了反间谍工作监督，以法治建设保障新形势下的反间谍工作；同时，加强了与刑法、刑事诉讼法、行政强制法、行政处罚法、地方性法规、工作条例等法律法规的协同。最后，《反间谍法》的修订充分体现了坚持国家安全一切为了人民、一切依靠人民，筑牢了国家安全人民防线。《反间谍法》强调反间谍工作路线要坚持公开工作与秘密工作相结合、专门工作与群众路线相结合，以人民安全为宗旨，充分调动人民群众协助反间谍工作的积极性、主动性与警觉性，强调积极开展反间谍安全防范宣传教育，筑牢国家安全的坚固防线与社会基础。

我国反间谍工作面临的风险挑战

党的十八大以来，在习近平总书记亲自谋划、亲自部署、亲自指挥下，我国国家安全得到了全面加强，经受住了来自政治、经济、意识形态等方面的风险、挑战与考验，为党和国家兴旺发达、长治久安提供了有力保证，国家安全取得历史性成就。然而，虽然我国国家安全总体向好、有序可控，但面对世界百年未有之大变局，传统安全威胁和非传统安全威胁的因素相互交织，以及外部讹诈、遏制、封锁、极限施压，我国国家安全仍将长期处于高风险期、高承压期，国家安全面临的挑战前所未有，我国反间谍工作也面临更加复杂紧张的严峻态势。

首先，随着信息技术的变革，各类间谍情报活动的主体更加复杂、领域更加广泛、目标更加多元、手法更加隐蔽。间谍因为其特殊的工作性质，需要以保证自身长期处于隐蔽状态为前提，为情报机构提供所需信息。在以往的反间谍斗争环境中，国家安全人员更多面对的是"没有案底、证件齐全、行为低调"的国内外人员和组织。在新时期的反间谍斗争环境中，反间工作随着科学技术革命的发展而不断变化，人工智能与网络信息技术使得国家与非国家行为体之间的权责边界模糊化，赋予了后者操纵间谍行动、施加政治影响力的权力。间谍行动主体和目标更加多元，间谍活动领域从传统的军事、政治领域逐步拓展至经济、科技和商业领域。同时，间谍行动平台更加虚拟化，间谍手段更加隐蔽，间谍行为主体更加难以"追根溯源"，间谍犯罪的破坏性日益严重。例如，1992 年的"米开朗琪罗"电脑病毒引发了第一次大众电子恐慌，2011 年的"盗空一切"病毒构成了对国家工业系统的颠覆和间谍活动，但这些网络袭击始作俑者的身份和动机却一直未知。① 美国智库兰德公司曾在报告中指出，"工业时代主要是核战争，而信息时代主要是网络战"。②2022 年，美国使用 40 余种不同的专属网络攻击武器对西北工业大学进行窃密攻击。③ 此外，美国还利用"棱镜"计划对美国境内外公民实施多年的网络监听，甚

---

① 参见阿兰·柯林斯：《当代安全研究》，高望来、王荣译，世界知识出版社 2016 年版，第 531—546 页。

② J. M. Mazarr et al., "Disrupting Deterrence: Examining the Effects of Technologies on Strategic Deterrence in the 21st Century", 14 April 2022, https://www.rand.org/pubs/research_reports/RRA595-1.html; R. S. Cohen et al., "The Future of Warfare in 2030: Project Overview and Conclusions", 11 May 2020, https://www.rand.org/content/dam/rand/pubs/research_reports/RR2800/RR2849z1/RAND_RR2849z1.pdf.

③ 参见《西北工业大学遭美网络攻击——揭开"黑客帝国"虚伪面纱》，2022 年 9 月 6 日，见 https://www.jasjj.gov.cn/read.asp?xwid=12420。

至对日本、墨西哥、法国等"盟友"也进行大规模网络攻击渗透。①

近年来，网络空间成为境外势力和情报机构对我国开展间谍行为、实施破坏活动的新领域，我国应高度重视网络空间范围内的反间谍安全防范部署。国家互联网应急中心发布的《网络安全信息与动态周报》与《国家信息安全漏洞共享平台（CNVD）周报》显示，针对我国的常见网络攻击和情报搜集手段包括利用漏洞、篡改网站、设置恶意程序和植入后门程序。截至 2023 年 9 月上旬，每周涉及党政机关和企事业单位的事件型漏洞总数平均约为 12865 个，范围涵盖银行、保险、能源、城市轨道交通等重要行业单位、基础电信企业、高校科研院所系统以及部委单位及其直属单位，目标直指党政军要害部门和重要信息系统。② 除此之外，互联网为境内外间谍组织及个人实施渗透策反行动提供了新的活动场域。特别是互联网的开放性、联动性消除了传统间谍行动的地域和人员限制，境外间谍机构可以通过网络空间在我国境内建立代理人体系，进行常规性网络攻击和常态化情报搜集。2022 年，中国国家安全机关公布的典型间谍案例显示，有两例案件的当事人就是在使用某知名网络交友软件时被境外间谍情报机构实施了网络勾连。③

其次，随着对外开放的不断深入，我国逐步加大与全球各国在贸

---

① 参见苏凯：《从"棱镜门"事件分析信息安全对国家安全的影响及对策》，《网络安全技术与应用》2022 年第 10 期。

② 参见《网络安全信息与动态周报》，2023 年 9 月 15 日，见 https://www.cert.org.cn/publish/main/upload/File/Weekly%20Report%20of%20CNCERT-Issue%2037%202023.pdf。

③ 参见《国家信息安全漏洞共享平台（CNVD）周报》，2023 年 9 月 13 日，见 https://www.cert.org.cn/publish/main/upload/File/CNVD202336.pdf。

易、科技、人文等领域的合作往来，在为国家发展带来巨大成果的同时，也增加了境外敌对势力渗透颠覆的输入性风险。在我国由"富起来"到"强起来"的过程中，外部敌对势力的干预渗透愈加激烈，针对我国的间谍活动愈发频繁。① 特别是以美国为代表的不少西方国家在意识形态、价值观领域的渗透与颠覆日益加剧。党的二十大报告在"增强维护国家安全能力"一节中专门增加了"严厉打击敌对势力渗透、破坏、颠覆、分裂活动"，侧面反映出国家高度重视当今敌对势力的干预渗透活动。②

从近年来国家安全部公布的间谍典型案件来看，一方面，外部敌对势力常通过金钱、利益、美色等方式实施诱惑。例如，2003—2009年，澳籍华人胡某某等四名澳大利亚铁矿石企业力拓公司员工在高额酬劳引诱下，从事经济间谍活动致使我国钢铁企业在近乎讹诈的进口铁矿石价格上多付出 7000 多亿元人民币；③ 赵某某作为中国航天领域的科研人员，向境外间谍组织提供大量涉密资料并收受间谍经费，于2022 年 8 月被人民法院以间谍罪判处有期徒刑 7 年；④2023 年 8 月，国家安全部披露多起美国中央情报局间谍案，涉案嫌疑人包括国家部委干部郝某、某军工集团重要涉密人员曾某某等，经调查均与美国

---

① 参见曹夏天：《大国竞争背景下〈中华人民共和国反间谍法〉的域外适用》，《中国国际私法与比较法年刊》2021 年第 1 期。

② 参见《国家安全机关公布多起典型案例》，2022 年 4 月 16 日，见 https://www.gov.cn/xinwen/2022-04/16/content_5685561.htm。

③ 参见周九常：《新形势下我国企业情报保护体系的基本架构》，《情报理论与实践》2010 年第 11 期。

④ 参见《国家安全机关发布典型案例提醒广大群众——共同筑牢维护国家安全的坚固屏障》，《人民日报》2023 年 4 月 19 日。

CIA 人员有巨额报酬和间谍经费往来。^① 另一方面，随着我国对外交往活动日益频繁，社会大众对间谍活动的警惕性仍有待提高。长期以来，因反间谍工作政治性强、保密性高，我国反间谍安全防范实践极少进行对外公开与宣传，普通群众缺少识别间谍行为的敏感性与警觉性，缺乏制止间谍活动、防范间谍渗透的能力储备。境外间谍机构逐渐将行动目标扩展至我国普通民众，如劳务输出人员、留学生、驻外机构等。例如，在国家安全部披露的案件中，多位犯罪嫌疑人系在外留学、进修、工作期间被境外反华势力及情报机构策反收买并签署参谍协议，并在其系统培训指导下窃取国家安全机密。^②

再次，近年来以美国为首的西方国家从国际舆论层面集中对我国进行攻击，频频以"国家安全"为名炒作"中国威胁"，我国反间谍工作面临的来自个别境外媒体的污蔑和舆论压力不断增加。针对间谍行为进行防治防范和规范立法，防止国家秘密泄露和维护国家安全是世界各国通行的措施。美国于 1917 年通过《反间谍法》（Espionage Act of 1917），于 1996 年通过《经济间谍法》（The Economic Espionage Act of 1996），以保护两极格局结束后美国在世界经济体系中的领先地位。英国的《国家安全法案》（National Security Act）于 2023 年 7 月正式生效，声称将决心阻止、侦查和瓦解那些通过间谍活动窃取敏感信息、商业秘密，损害英国国家利益、对国家安全构成威胁的

---

① 参见《"80 后"部委干部竟是美国间谍，国家安全部本月公布多起间谍案》，2023 年 8 月 21 日，见 http://news.china.com.cn/2023-08/21/content_105838062.shtml。

② 参见《国家安全机关公布 4 起危害国家安全典型案例》，2021 年 4 月 15 日，见 http://www.xinhuanet.com/politics/2021-04/15/c_1127331422.htm。

组织和个人，并增加了获取或披露受保护的信息，泄露敏感的商业、贸易或经济信息，协助外国情报机构三项罪名。[①] 然而，我国的《反间谍法》颁布后，却被个别境外媒体以"侵犯人权"的噱头进行了负面报道和恶意抹黑，渲染其会影响投资营商环境，上演了颠倒黑白、无中生有的"中国威胁论"戏码，进一步反映出部分西方国家一以贯之的"双重标准"。

切实加强反间谍安全防范体系构建

在实现中华民族伟大复兴中国梦的新征程上，要坚持以习近平新时代中国特色社会主义思想为指引，坚定不移贯彻总体国家安全观，敢于斗争、善于斗争，切实加强反间谍安全防范工作，把维护国家安全的战略主动权牢牢掌握在自己手中。

坚持党对反间谍安全防范工作的全面领导。中国特色社会主义最本质的特征是中国共产党的领导，中国特色社会主义制度的最大优势是中国共产党领导。坚持党中央对国家安全工作的集中统一领导，是维护国家安全和社会安定的根本保证。面对新形势、新挑战，需要加强党对反间谍安全防范工作的全面领导，充分发挥党在反间谍实践中总揽全局、协调各方的领导核心作用，推动各级党委（党组）落实维护国家安全的主体责任，为新时代反间谍安全防范体系构建提供根本

---

① UK government, "National Security Bill–Factsheet", 11 May 2022, https://homeofficeme-dia.blog.gov.uk/2022/05/11/national-security-bill-factsheet/.

政治保障。

以法治建设加强和保障反间谍安全防范工作。维护国家安全，既需要有强烈的国家安全意识，也需要有专业系统的国家安全法律制度体系。要进一步把反间谍安全防范工作纳入法治化轨道，进一步完善中国特色反间谍法律制度体系，充实重点领域、新兴领域、涉外领域法律工具箱，贯彻落实新修订的《反间谍法》，运用法治思维和法律武器加强反渗透、反颠覆、反窃密斗争。

以科技赋能推动反间谍安全防范工作的能力现代化。科技创新是保障和塑造国家安全的关键，也是国家安全体系和能力现代化建设中的重要任务。面对间谍活动形式和威胁不断演变升级，需要加强反间防谍工作的关键技术攻关，掌握高级加密、入侵检测、风险识别等核心技术，以科技赋能推动建设系统化的反间谍技术工具箱，掌握反间谍安全防范工作的主动权。

增强全民国家安全意识，加强反间防谍人民防线建设。坚持群众路线是我们党从胜利走向胜利的重要法宝，反间谍工作不是国家安全部门的"单打独斗"，而是需要人人参与、全民共担，需要人民群众广泛参与、共同防范，进而筑牢国家安全人民防线。对此，要组织开展反间谍安全防范宣传教育，增强人民忧患意识和安全防范意识。一方面，要畅通举报渠道，以方便公民向国家安全机关举报间谍行为或线索，形成守护国家安全的强大合力。另一方面，要对举报人提供必要的保护措施，对故意捏造、诬告陷害他人等也要依法追究法律责任。

统筹高水平对外开放与反间谍安全防范。全面贯彻落实总体国家安全观，需要统筹发展与安全、统筹开放与安全。习近平总书记指出，"越是开放越要重视安全，统筹好发展和安全两件大事"①。在我国推进高质量发展，推动构建新发展格局的同时，需要处理好开放与安全的关系，没有高水平对外开放就很难有高质量发展，没有坚实的安全保障就很难有良好的对外开放环境。在新征程上，只有切实做好反间谍安全防范工作，为高水平对外开放提供更安全、更可靠的基础，才能在信息化、全球化的时代背景下，抓住机遇、化解挑战，确保中国这艘巨轮乘风破浪、行稳致远。

加强国际传播效能，提升国际话语权。面对西方部分国家炒作"中国威胁"，动员力量遏制中国的不利形势，我们需要保持战略定力，发扬斗争精神，把主要精力集中在国家安全体系和能力现代化建设上，全面提升我国的国际传播能力和国际话语权。

参考文献

习近平：《高举中国特色社会主义伟大旗帜　为全面建设社会主义现代化国家而团结奋斗——在中国共产党第二十次全国代表大会上的报告》，人民出版社 2022 年版。

习近平：《在深圳经济特区建立 40 周年庆祝大会上的讲话》，人民出版社 2020 年版。

《江泽民文选》第三卷，人民出版社 2006 年版，第 566 页。

阿兰·柯林斯：《当代安全研究》，高望来、王荣译，世界知识出版社 2016 年版。

董为：《我国间谍罪立法问题检视与修正——以总体国家安全观为视角》，西南政法大学博士学位论文 2022 年第 9 期。

---

① 习近平：《在深圳经济特区建立 40 周年庆祝大会上的讲话》，人民出版社 2020 年版，第 10 页。

谢贵平：《我国反间防谍的历史经验》，《人民论坛》2023 第 16 期。

刘跃进：《国家安全法的名与实——关于修订我国〈国家安全法〉的一点建议》，《苏州市职业大学学报》2006 年第 3 期。

《习近平强调，推进国家安全体系和能力现代化，坚决维护国家安全和社会稳定》，2022 年 10 月 16 日，见 https://www.gov.cn/xinwen/2022-10/16/content_5718828.htm。

《中共十九届五中全会在京举行》，《人民日报》2020 年 10 月 30 日。

《中共中央政治局召开会议审议通过〈国家安全战略纲要〉》，《人民日报》2015 年 1 月 24 日。

《深刻把握新时代坚持总体国家安全观的重要意义》，《人民日报》2018 年 4 月 16 日。

《国家安全机关发布典型案例提醒广大群众——共同筑牢维护国家安全的坚固屏障》，《人民日报》2023 年 4 月 19 日。

苏凯：《从"棱镜门"事件分析信息安全对国家安全的影响及对策》，《网络安全技术与应用》2022 年第 10 期。

曹夏天：《大国竞争背景下〈中华人民共和国反间谍法〉的域外适用》，《中国国际私法与比较法年刊》2021 年第 1 期。

周九常：《新形势下我国企业情报保护体系的基本架构》，《情报理论与实践》2010 年第 11 期。

《国家互联网应急中心：中国是黑客攻击的最大受害国》，2010 年 1 月 25 日，见 http://www.scio.gov.cn/ztk/hlwxx/02/02/Document/533531/533531.htm。

《西北工业大学遭美网络攻击——揭开"黑客帝国"虚伪面纱》，2022 年 9 月 6 日，见 https://www.jasjj.gov.cn/read.asp?xwid=12420。

《网络安全信息与动态周报》，2023 年 9 月 15 日，见 https://www.cert.org.cn/publish/main/upload/File/Weekly ％ 20Report ％ 20of ％ 20CNCERT-Issue%2037%202023.pdf。

《国家信息安全漏洞共享平台（CNVD）周报》，2023 年 9 月 13 日，见 https://www.cert.org.cn/publish/main/upload/File/CNVD202336.pdf。

《国家安全机关公布多起典型案例》，2022 年 4 月 16 日，https://www.gov.cn/xinwen/2022-04/16/content_5685561.htm。

《"80 后"部委干部竟是美国间谍，国家安全部本月公布多起间谍案》，2023 年 8 月 21 日，见 http://news.china.com.cn/2023-08/21/content_105838062.shtml。

《国家安全机关公布 4 起危害国家安全典型案例》，2021 年 4 月 15 日，见 http://www.xinhuanet.com/politics/2021-04/15/c_1127331422.htm。

UK government, "National Security Bill–Factsheet", 11 May 2022, https://homeofficemedia.blog.gov.uk/2022/05/11/national-security-bill-factsheet/.

J. M. Mazarr et al., "Disrupting Deterrence: Examining the Effects of Technologies on Strategic Deterrence in the 21st Century", 14 April 2022, https://www.rand.org/pubs/research_reports/RRA595-1.html.

R. S. Cohen et al., "The Future of Warfare in 2030: Project Overview and Conclusions", 11 May 2020, https://www.rand.org/content/dam/rand/pubs/research_reports/RR2800/RR2849z1/RAND_RR2849z1.pdf.

总 策 划：王 彤

策划编辑：陈 登 徐媛君

责任编辑：徐媛君

特邀编校：马柳婷

图书在版编目（CIP）数据

以新安全格局保障新发展格局 / 人民日报社人民论坛杂志社主编 . -- 北京：人民出版社，2025. 3. -- ISBN 978 - 7 - 01 - 027066 - 1

I. D631

中国国家版本馆 CIP 数据核字第 2025R6V399 号

以新安全格局保障新发展格局

YI XIN'ANQUAN GEJU BAOZHANG XINFAZHAN GEJU

人民日报社人民论坛杂志社 主编

人 民 出 版 社 出版发行

（100706 北京市东城区隆福寺街 99 号）

中煤（北京）印务有限公司印刷 新华书店经销

2025 年 3 月第 1 版 2025 年 3 月北京第 1 次印刷

开本：710 毫米 × 1000 毫米 1/16 印张：17

字数：190 千字

ISBN 978 - 7 - 01 - 027066 - 1 定价：66.00 元

邮购地址 100706 北京市东城区隆福寺街 99 号

人民东方图书销售中心 电话（010）65250042 65289539